ISBN 978-1-334-63681-3
PIBN 10773454

1 MONTH OF
FREE
READING

at

www.ForgottenBooks.com

By purchasing this book you are eligible for one month membership to ForgottenBooks.com, giving you unlimited access to our entire collection of over 700,000 titles via our web site and mobile apps.

To claim your free month visit:

www.forgottenbooks.com/free773454

English
Français
Deutsche
Italiano
Español
Português

www.forgottenbooks.com

Mythology Photography **Fiction**
Fishing Christianity **Art** Cooking
Essays Buddhism Freemasonry
Medicine **Biology** Music **Ancient
Egypt** Evolution Carpentry Physics
Dance Geology **Mathematics** Fitness
Shakespeare **Folklore** Yoga Marketing
Confidence Immortality Biographies
Poetry **Psychology** Witchcraft
Electronics Chemistry History **Law**
Accounting **Philosophy** Anthropology
Alchemy Drama Quantum Mechanics
Atheism Sexual Health **Ancient History**
Entrepreneurship Languages Sport
Paleontology Needlework Islam
Metaphysics Investment Archaeology
Parenting Statistics Criminology
Motivational

Die

pompejanischen Wachstafeln.

Von

Heinrich Erman.

Weimar

Hermann Böhlaus Nachfolger

1899.

Sonderabdruck

aus der

Zeitschrift der Savigny-Stiftung für Rechtsgeschichte.
XX. Band, Romanistische Abtheilung.

11/9/31 ·

NOV 9   1931

Alfred Pernice

unserm Führer in schwieriger Zeit.

Motto:

„Das alte römische Recht, lebt denn
das immer noch!"

Feldmarschall Wrangel zu Bruns
als Berliner Rektor bei der Einzugs-
feier, Berlin 1871.

Inhalts-Uebersicht.

Die pompejanischen Wachstafeln.[1])

1. Zangemeisters Ausgabe[2]).

Die 1875 entdeckten Wachstafeln des Jucundus in 153
Nummern und die 1887 entdeckten der Dicidia Margaris als
Auctarium in 2 Nummern.

Bei letzteren, die Eck 1888 in dieser Zeitschrift Bd. IX
bearbeitete und Mommsen im Hermes und in der letzten
Auflage von Bruns' fontes, ist seitdem neu gelesen ein summarium und eine lückenhafte scriptura exterior der Mancipationsurkunde, beide mit Tinte geschrieben. Danach hiess
der Vormund der Poppaea Note P. Caprasius 'Ampliatus',
während sachlich leider nichts Neues sich ergiebt. So fehlt
noch immer ein urkundlicher Beleg für die Gradenwitz-
Eck'sche Deutung der Mancipation als Pfandfiducia, die

---

[1]) Alles Allgemeine über dieselben: die Umstände des Fundes von
1875, die Arten der Wachstafeln u. s. w., ist als bekannt vorausgesetzt.
Vgl. darüber statt aller den von meinem unvergesslichen Lehrer Bruns
1878 in dieser seiner Zeitschrift unter der gleichen Ueberschrift veröffentlichten Aufsatz. Sein Andenken hier wachzurufen, erfreut mich
um so mehr, als ich jetzt endlich die Lösung der Frage zu haben
glaube, welche er vor mehr als 20 Jahren in seinem Seminar uns stellte:
ob die mündlichen pompejaner Quittungen Acceptilationen seien? Und
zwar — trotz einer soweit irgend möglich unbefangenen und kritisch
objectiven Methode — eine Lösung wesentlich im Sinne seiner einstigen
Aufstellungen! — Bibliographie dieser Frage bei Frese, diese Zeitschr.
XVIII S. 254, hinzuzufügen z. B. Behrend, Zur Geschichte der Quittung
1896, Karlowa, R. R.G. I S. 801 ff., Girard, textes 2e Ed. Paris 1895
p. 771. — [2]) Corpus inscriptionum latinarum consilio et auctoritate
Academiae litterarum regiae borussicae editum. Voluminis IV Supple-
mentum. Pars prior: tabulae ceratae Pompeis repertae, editae a Carolo

übrigens auch Zangemeister mit Recht als die einzig **wahr-
scheinliche** annimmt. Die Ausgabe bietet ferner eine **photo-
typische** Nachbildung des in Scialoja's Bulletino I ungenau
wiedergegebenen Mau'schen Apographums von der **seither**
zerfallenen S. 3 der Mancipationsurkunde (II 2 bei Eck), so-
wie mehrere Conjecturen Mommsens dazu [1]).

Der Schwerpunkt der Ausgabe liegt in den **Jucundus-**
urkunden. Zangemeister arbeitete daran über 20 Jahre: in
Neapel 1877, 1878 und 1885 und in den Mussestunden seiner
Bibliotheksthätigkeit. Eine wahre Benedictinerarbeit, da die
Schriftspuren auf den verkohlten Tafeln oft so undeutlich
sind, dass nur durch Aufzeichnung jedes ermittelten Striches
Buchstaben und Worte zu erschliessen waren. Die grenzen-
lose Schwierigkeit dieser Entzifferung zeigt z. B., dass für
Nr. XLV (Petra 115) einer der sachkundigen Papyruszeichner
des Neapolitaner Museums 3 Monate an dem Apographum
arbeitete, welches Zangemeister dann doch fast durchweg
ändern musste. Seiner Sachkunde und Ausdauer gelang es
aber, fast allenthalben mehr zu entziffern als seine Vorgänger,
de Petra und Mau. Zu diesen Lesungsschwierigkeiten kommt
die phantastische Willkür der Cursivschrift, besonders in den
Chirographen. Wo z. B. de Petra und Mau 'rugi' lasen, erklärt Zangemeister 'arum' für absolut sicher (Nr. XLVI). —
Zwei bisher unentzifferte Chirographen (XXXII und CXXXVI)
hat er als lateinisch mit griechischen Buchstaben erkannt
und gelesen — ein weiterer Beleg für das Durcheinander-
laufen der griechischen und der römischen Cultur in Pompeji.

Zangemeister. Berolini apud G. Reimerum MDCCCXCVIII. — Die Ausgabe enthält als C. I. L. IV 3340 I—CLIII die 1875 gefundenen Jucundus-
urkunden (p. 281—405) und in einem 'Auctarium' als CLIV und CLV
die 1887 gefundenen der Poppaea Note. Ausserdem eine Praefatio
(p. 275—280) und ein sehr eingehendes Summarium (p. 417—453) mit
Tabellen und Ausführungen nach allen erheblichen Gesichtspunkten.

[1]) Hier die wichtigsten. Bei Eck II 2 Z. 1 statt: (f)idu(ciae
sint) liest Mommsen jetzt: (I 1, 12: quae Note mihi ven)did(it); zu
Z. 9 statt: si me(cum) de dolo malo ea ven(ditione commisso lis con-
tes)tatur — si mi(nus in)de dolo malo ea ven(ditione redactum esse
pu)tatur; auf Z. 11 wird für 'did', auf Z. 13 für 'ada': 'q. d. a.' vermuthet; auf Z. 16 statt: Utique ea mancipia sumtu inpu(tato in debi-
tum luantur) wird gelesen: sumtu inp(e)nsa, per(iculo tuo exhinc sint.)

Eine letzte Schwierigkeit ist die oft mehrfache Benutzung
einer und derselben Tafel. Auch hier hat meistens erst Zangemeister die verschiedenen Schriften auseinandergelesen[1]).

Die Ausgabe bietet für die meisten Urkunden die von
Zangemeister revidirten Apographa in phototypischer Wieder-
gabe und für einige, deren Wachsbelag ausnahmsweise er-
halten ist, Phototypien des Originals selbst.

Mommsen, der schon 1873 mit Zangemeister zusammen
die Siebenbürger Wachstafeln herausgab (C. I. L. III) und
dann 1876 für den Hermes und 1887 für Bruns' fontes die
des Jucundus bearbeitete, hat auch dieser Zangemeister'schen
Ausgabe sehr nahe gestanden, wie seine Conjecturen und
Anmerkungen während des Drucks ergeben. So dürfen denn
die zum Theil höchst überraschenden Neuergebnisse der Ausgabe, insbesondere die Untersiegelung der Chirographa,
als voll gedeckt gelten durch das übereinstimmende Zeugniss dieser besten Wachstafelkenner — 'duo testes classici'.

2. Allgemeines über die pompejanischen Urkunden.

Wie Zangemeister mittheilt, verwirft die neueste Pom-
peji-Forschung den bisher angenommenen heissen Aschen-
regen. Sie nimmt allmähliche, spontane Verkohlung der
Holzsachen, z. B. unserer Wachstafeln an. Zangemeister lässt
die Frage offen, da zwar die mehrfache Erhaltung der be-
schriebenen Wachsschicht gegen die Hitzetheorie spreche,
für dieselbe dagegen, dass die Wachssiegel durchweg ge-
schmolzen sind (p. 275 n. 2).

Der Kasten mit den Quittungen des Jucundus wurde,
den erhaltenen Daten nach, unbedingt schon bei dem Erdbeben vom Februar 63 n. Chr. verschüttet, und nicht erst
bei dem Ausbruch vom Jahre 79. Dasselbe muss aber offenbar auch von den beiden Schuldurkunden der Dicidia Margaris gelten, die von 61 datiren, denn in den 18 Jahren bis

---

[1]) So stand z. B. unter der Quittung des A. Messius Speratus
(XXXIII = Petra 28) ein Vadimonium. Von der scr. int. ist leider nur
dies eine Wort übrig, dagegen von der exterior auf Z. 2: '= in V idus',
Z. 4: '∞ DC'; Z. 8: 'Act(um)', Z. 9: 'Nerone'. Also wohl ein Vadimonium
für eine Schuldklage von 1600 H. S. (oder mehr); aber mit seinen 7 Zeilen
Text ganz und gar kein 'vadimonium garrulum'.

zum Untergang Pompejis wären sie sicher längst erledigt oder erneuert worden. Dass diese wichtigen Urkunden und noch mehr der mit ihnen geflüchtete Gold- und Silberschatz von 63 bis 79 liegen blieb, ist allerdings auffallend. Der Schatz muss eben unauffindbar verschüttet worden, oder Dicidia Margaris bei dem Erdbeben umgekommen sein.

Den erhaltenen Daten nach betrieb L. Caecilius Jucundus das von (seinem Vater?) L. (oder C.?) Caecilius Felix — Nr. I von 15 n. Chr. — ererbte Bank- und Auctionsgeschäft seit mindestens 27 n. Chr. (Nr. II). Nach 53 (Nr. CXXXVIII) verband er damit Gemeindepachtungen, um sich von 58 an ganz auf diese zu beschränken. Die Pachtungsquittungen werden von da an zahlreicher und verschiedenartiger, während Auctionsquittungen völlig fehlen. Allerdings nehmen von 58 an die (datirten) Urkunden überhaupt sehr ab; vielleicht lagen die jüngsten Tafeln oben auf und litten so am meisten [1]).

Von den Geschäftsbeziehungen des Jucundus ist zu verzeichnen, dass derselbe M. Fabius Agathinus, der 54 n. Chr. (Nr. V) nomine Iucundi die 1885 H. S. der 'auctio buxiaria' auszahlt und in Nr. XCI (ohne Jahr) als Siegelzeuge fungirt, im Januar 62 in Nr. CLI als 'manceps mercatus' auftritt, d. h. (nach Mommsen) als Pächter des Marktstandgeldes. Jucundus zahlt 'nomine' eius 2520 H. S. an den Gemeindesclaven. Also zwei sich gegenseitig aushelfende Geschäftsfreunde, die beide Auctionen und Abgabenpachtungen betrieben. — Von den ständigen Siegelzeugen des Jucundus ist nachher bei den 'VII testes c. R. p.' zu sprechen (S. 190)[2]).

3. Zur Form der Urkunden.

Zangemeister bezeichnet die dixit-Form — römisch: testatio — als A, die mit scripsi — römisch: chirographum — als B, also die aussen und innen chirographarischen Quit-

---

[1]) Hier die Daten nach der Tabelle S. 417: vom Jahr 15: 1 Urkunde; von 27: 1; 33: 1 (?); 52: 1 (2?); 53: 1; 54: 5; 55: 10; 56: 10; 57: 15; 58: 5; 59: 2; 60: 1; 61—62: 1; Januar 62: 1. — Blosser Zufall mag es sein, dass vom Januar 62 bis zum Erdbeben im Februar 63 keine (datirte) Urkunde vorliegt. Vielleicht aber enthielt jener Kasten nur die reponirten Quittungen, während Jucundus die laufenden anderswo verwahrte. — [2]) P. Terentius Primus, der 18 mal siegelt, ist in Nr. CXXXVIII (53 n. Chr.) Gemeindepächter.

tungen (so alle von Sclaven) als B + B und die gemischten
als A + B. Dagegen will er bei den Jucundusurkunden
von bloss A + A, wie bei den Siebenbürgern, nichts wissen,
vermuthet vielmehr für die drei Urkunden mit innen und
aussen dixit (Nr. II, V, XLIX) die Form A + A + B. Das
mit Tinte geschriebene äussere Chirographum sei nur ver-
löscht, wie die Tintenschriften oft z. B. die Sieglernamen
Nr. CXLIV. Doch seien auf Nr. XLIX noch Spuren davon,
ausserdem aber hier und in Nr. II auch Reste der Untersiegelung dieses Chirographums, während bei Nr. V die be-
treffende dritte Tafel verloren ist. Diese 3 Urkunden sind
aus den Jahren 52, 54 und, für XLIX, unbestimmt. Die
Form A + A + B scheint also der Vorläufer der Form
A + B zu sein, die 54 zum ersten Mal auftritt. — Zur Ver-
siegelungsfrage stellt Zangemeister fest (p. 277), dass der
Siegelfaden (vor dem S.C. Neronianum) nicht einfach herum-
geschlungen wurde, sondern mittelst Einkerbungen der Tafel-
kanten unverschiebbar festgelegt. Diese Einkerbung der
Tafeloberfläche, die mitunter 1—1 1/2 cm lang ist, findet sich
nun auch auf dem Diptychon Nr. I von 15 n. Chr. Dieses
war also versiegelt, wenn auch Siegel und Sieglernamen ver-
schwunden sind — vielleicht schon während der 48jährigen
Aufbewahrung in Jucundus' Quittungskasten! Auch von
einer script. ext. hat Zangemeister Tintenspuren darauf erkannt. Damit fallen die Schlüsse, die Brunner, Karlowa u. A.
aus dem angeblichen, blossen Entwurfscharakter dieses Diptychon gezogen haben[1]).

Der in diesen Kerben liegende, 2—4fache Siegelfaden
wurde über S. 4 geknotet und besiegelt, bei Triptychen in
einer Rinne in der Mitte der Tafel. Am wichtigsten war
die Festsiegelung des Fadens oben und unten. Daher stehen
bei dem Chirographum, was der Gläubiger allein oder doch

---

[1]) Diese Einkerbung der Tafeln I und II wiederholt sich mitunter
auch auf der dritten (z. B. Abbildungen Nr. CXLII; CXLIV). Unab-
sichtlich ist dies nicht, da die Kerbe nicht, wie die Löcher, schon in
dem unzerspaltenen Block, sondern erst nach der Zerspaltung an jeder
einzelnen Tafel angebracht wurden. Es wurde also ein Faden um
alle drei Tafeln geschlungen. Zangemeister vermuthet, der Siegelfaden
selbst. Schwerlich, da dies die Siegel gelockert hätte!

nur mit 1 bis 2 Zeugen versiegelt, die beiden Siegel des Gläubigers stets nahe den beiden Rändern.

Auch zum S.C. Neronianum bietet Zangemeister Neues (p. 278). Nach Suetons Zeugniss war die Durchbohrung (statt Einkerbung) der Ränder für den Siegelfaden etwas vorher ganz Unbekanntes:

> Suet. Nero 17: adversus falsarios tunc primum repertum, ne tabulae nisi pertusae ac ter lino per foramina traiecto obsignarentur.

Daher die Vermuthung Buechelers, die Mommsen (C. I. L. III 902) und Zangemeister (C. I. L. IV 278) billigen, dass das älteste Militärdiplom vom Jahre 52 unter Claudius, welches jene Löcher zeigt, nicht schon damals angefertigt wurde, sondern erst nach dem S.C. Neronianum, zumal es auch der claudischen Buchstaben ermangelt.

Es zeigt also jedes Vorkommen der Siegellöcher mit Sicherheit die Existenz des S.C. Neronianum. Zangemeister stellt nun solche Löcher fest in dem allein erhaltenen oberen Rand der Mancipationsurkunde der Dicidia Margaris von 61 n. Chr. und in einer unlesbaren des Jucundus Nr. CLII, die den Duumvir des Jahres 61/62 zu nennen scheint. Das S.C. Neronianum ist also vom Jahre 61. Allerdings zeigt Nr. CLI vom Januar 62 die Löcher nicht; man wird eben in der Uebergangszeit die vorhandenen Tafeln aufgebraucht haben.

4. Die Untersiegelung der Chirographa.

Dass die Untersiegelung dem römischen Urkundenwesen fremd war, schien einer der bestbegründeten Sätze[1]).

Und doch war er irrig, denn:

> 'in omnibus libellis quorum exterior scriptura sola est chirographum, haec signata est; in iis qui utrimque

---

[1]) Vgl. z. B. Puchta, Pand. § 464 n. K: 'Das römische Recht fordert Unterschrift, Versiegelung und Ueberschrift ... Seit dem Mittelalter hat man die signatio als Besiegelung (Beidrückung eines Beglaubigungssiegels neben der Unterschrift) behandelt'. — Und auf Bruns' Behauptung (Comment. pro Mommseno 1877 S. 502 A. 77): 'bei diesen Urkunden (des Jucundus) hat Karlowa den alten Irrthum von der Bestärkung der Unterschrift durch Beifügung des Siegels wieder aufgewärmt', erwidert Karlowa, R.R.G. I 805 A. 1 sehr energisch, dieser Irrthum habe ihm völlig fern gelegen.

chirographum continent, prius subsignatum est solum'
(Zangemeister p. 433).

Dieses ausdrückliche Zeugniss Zangemeisters wird be-
kräftigt durch das concludente Stillschweigen Mommsens
(o. S. 174). Dazu tritt der Augenschein der Apographa und
zumal — für hartnäckige Skeptiker — der Photographie von
Nr. XXV.

Danach ist die Untersiegelung des äusseren Chirographums bei A + B von undiscutirbarer Sicherheit. Es
ist nicht etwa zufällig zusammengelaufenes Wachs, sondern
runde, klare Siegel, sehr deutlich z. B. XXV, XXVI, XXVIII,
XXXII, XXXIV, XXXVIII. Die Siegel stehen meist dicht
unter der Schrift. Zwei Siegel entweder neben einander,
oder rechts und links am Rande. Sie finden sich da, wo
zwei Gläubiger quittiren oder ein Beauftragter oder Sclave
für den Gläubiger schreibt. Es gehört also ein Siegel dem
Gläubiger, das andere dem Schreibenden. Dieser untersiegelt also stets seine eigene Handschrift, um deren Echtheit noch mehr ausser Zweifel zu setzen[1]).

Bei den Doppelchirographen ermangelt nach den Abbildungen und Zangemeisters Zeugniss das äussere stets
der Untersiegelung, dagegen schreibt er sie dem inneren
immer zu.

Für die Municipalsclavenchirographen wird dies durch
die Abbildungen ausser allen Zweifel gesetzt — das Siegel
steht hier meist rechts unten, unter dem Datum.

Dagegen sind die Apographa etwas weniger schlüssig
für die übrigen inneren Chirographen. Doch darf man Zangemeisters auf die Originale gestützter, kategorischer Angabe,
die zudem durch die Analogie der sicher untersiegelten
Chirographa voll bestätigt wird, auch hier Glauben schenken
und als feststehend annehmen:

dass die Chirographen des Jucundus, bei A + B die
äusseren, bei B + B die inneren stets vom Gläubiger
und Schreiber untersiegelt sind.

---

[1]) Aeusseres Chirographum (bei A + B) und Untersiegelung sind
also unzertrennlich. Daher schliesst Zangemeister bei den drei A + A
Urkunden (II, V, XLIX) auf das ursprüngliche Danebenstehen eines
Chirographums: A + A + B aus der Siegelspur, die bei II sicher, bei
XLIX wahrscheinlich ist: oben S. 176.

Dies obwohl diese selben Siegel bei B + B immer, bei A + B regelmäfsig (Ausnahme bei Frauen) schon als Verschlusssiegel auf der Urkunde standen[1]).

5. Die Urkundenuntersiegelung vor und nach den Römern[2]).

Die von Zangemeister festgestellte pompejanische Urkundenuntersiegelung war selbstverständlich keine Erfindung der beiden Caecilier. Aber das fragt sich, ob hier eine römische oder griechische Rechtssitte vorliegt.

An sich ist bei dem nach Namen und Wesen griechischen Chirographum[3]) die Vermuthung für den griechischen Ursprung auch seiner Untersiegelung. Dass das Siegeln (genauer: Versiegeln) von Urkunden den Griechen der classischen Zeit geläufig war, zeigen die versiegelten σίμβολα bei Plautus u. s. w. Aber bestand dieses Urkundensiegeln noch bei den Griechen der Kaiserzeit? Hiergegen spricht, wie mir scheint, ein ziemlich sicherer Schluss aus

Plin. H. N. XXXIII 1 sect. 6:

> cum ... nullos .. anulos omnino maior pars gentium hominumque, etiam qui sub imperio nostro degunt, hodieque habeat: non signat Oriens aut Aegyptus, etiam nunc litteris contenta solis.

Allerdings ist die historische Notiz, die in dem 'etiam nunc' des Plinius liegt, handgreiflich falsch, da das Urkunden-

---

[1]) Bei der dixit-Form fand Zangemeister die Untersiegelung nur einmal in Nr. I, dem Diptychon des Caecilius Felix von 15 n. Chr. Dies hatte zwar eine scriptura exterior (o. S. 176), aber vermuthlich bloss eine einfache Copie (A + A). Es fehlte also das chirographum mit dem seinen Hauptwerth ausmachenden Siegel, und so drückte der Gläubiger sein Siegel auf das innere dixit, ein Vorläufer des späteren untersiegelten Chirographums A + A + B oder A + B. — [2]) Die durch Zangemeisters Entdeckung angeregte Frage: 'wie die Untersiegelung (und das Siegelwesen überhaupt) durch die Zeiten und Länder sich entwickelte, kann nur von Orientalisten und Hellenisten auf der einen Seite, von frühmittelalterlichen Diplomatikern auf der andern mit Erfolg behandelt werden. Die Ersteren auf dies schwierige Problem aufmerksam zu machen, ist der Zweck eines in dem 'Archiv für Papyrusforschung' Bd. I gleichzeitig mit diesem Aufsatz veröffentlichten kleinen Artikels, in dem auch die mir bekannten Thatsachen hinsichtlich des Siegelns im Orient und im alten und römischen Aegypten zusammengestellt sind. — [3]) 'Graeculam .. cautionem chirographi mei' Cic. ad fam. VII 18.

versiegeln im Orient sowohl als in Aegypten von uraltersher in zweifelloser Anwendung war. Aber darum kann des Plinius Angabe doch für seine eigene Zeit richtig sein. Und sie wird es, da schwer anzunehmen ist, dass der vielumhergekommene Kaiserbeamte, mit seinem Kenntnissdrang, seinem offenen Sinn und eisernen Gedächtniss über die Urkundenpraxis der wichtigen Ostprovinzen mit solcher Sicherheit eine falsche Angabe machen würde. Das 'non signat Oriens et Aegyptus .. litteris contenta solis' zeigt also, dass zu Plinius' Zeit in Aegypten und den anderen Ostprovinzen der Gebrauch der Siegel bei Urkunden verschwindend selten war — im Vergleich wenigstens mit dem tagtäglichen 'signare' der Römer. Der Befund der Papyrusurkunden stimmt, soweit ich sehe, hiermit überein; ein Siegeln von Urkunden scheint hier erst im 2. Jahrhundert sich zu finden, und zwar für das römische Testament[1]).

Das Rechts- und Urkundenwesen der Ostprovinzen und zumal Aegyptens war nun zu Plinius' Zeit ein vorwiegend hellenistisches und so wird das 'non signant, litteris contenti solis' vielleicht auch auf die damaligen Griechen bezogen werden müssen. Damit entfiele dann aber jeder Grund zur Herleitung der pompejanischen Urkundenuntersiegelung aus griechischer Rechtssitte, und es träte die allgemeine Vermuthung in ihr Recht, wonach in der vorwiegend lateinisch redenden Colonie Pompeji wie die Sprache, so auch die Rechtseinrichtungen im Zweifel römisch sind: Mancipation, Fiducia, Stipulation etc. Auch die Urkundenuntersiegelung hat also im Zweifel als römische Sitte zu gelten. Näheres darüber im folgenden Paragraphen.

Dagegen sei hier die Frage wenigstens aufgeworfen, ob die von Zangemeister für die neronische Zeit festgestellte römische Urkundenuntersiegelung vielleicht identisch ist mit der gleichartigen Sitte des Mittelalters?

Bei dem von Brunner mit Recht wiederholt betonten Conservatismus der Notare spricht bei all solchen Urkundenformalien des frühesten Mittelalters die Vermuthung für ihre Vererbung aus römischer Zeit.

---

[1]) Vgl. hiergegen den S. 179 A. 2 angeführten, von Wilcken berichtigten Aufsatz.

Aber gehört denn die Urkundenuntersiegelung schon dem frühesten Mittelalter und der Völkerwanderungszeit an? Das müssen die Diplomatiker entscheiden, von denen wenigstens die Benedictiner des Codex diplomaticus Cavensis über diesen Punkt nicht recht klar zu sein scheinen[1]).

Schon jetzt aber sei hingewiesen auf die grosse Aehnlichkeit der bei Zangemeister abgebildeten untersiegelten Chirographa mit den Urkunden der Langobardenfürsten des neunten und zehnten Jahrhunderts, mit ihrem Wachssiegel mitten auf der Urkunde[2]). Wenn Brunner für das 'scripsi rogatu' der Jucundus-Urkunden und der frühmittelalterlichen einen Ueberlieferungszusammenhang für wahrscheinlicher hält, als eine zweimalige Herausbildung derselben Formel, so spricht diese Wahrscheinlichkeit offenbar noch viel stärker für die Vererbung dieser Urkundenuntersiegelung. ·

6. Die Urkundenuntersiegelung in Rom.

Signare = mit dem Signum versehen bedeutet natürlich besiegeln, so gut wie versiegeln, z. B. signare nummos, signare ne summutetur etc. So denn auch das durch die pompejanischen Wachstafeln erwiesene Untersiegeln der Urkunden.

Dieses hat nun an sich für Rom nichts Befremdendes bei der, zumal in republicanischer Zeit, geringen Schreibfertigkeit. Daher die Urkundenversiegelung — bekanntlich

---

[1]) Codex dipl. Cav. I praefatio p. XXXIII—XXXIX. Bald scheinen sie die Untersiegelung (oder doch ihr percrebescere!) dem 12. Jahrh. zuzuweisen: 'pleraque diplomata, antiquioris praesertim aetatis, reperies destituta sigillis. Nec mirandum: mos enim ea chartis apponendi hic ut alibi circa XII saeculi finem percrebuit, quo hisce maior fides haberetur. Nam saeculo praecedenti, si unum excipias Ioannis lucerini episcopi diploma, sub anno 1039, munitum sigillo, nedum archiepiscopi et episcopi, sed et ipsi principes numquam vel rarissime diplomatis suis sigillum apponere consuevere. — Aber dem widersprechen die zahlreichen untersiegelten Urkunden der Langobardenfürsten schon des 9. Jahrhunderts (vgl. nächste Anm.) und weiter folgende Aeusserungen a. a. O.: 'nec desunt, in quibus vix aliqua sigilli cerei coloris vestigia supersunt: at quid inde? Satis compertum, solidissima artium monumenta non secus ac fragilem sigillorum materiam hominum ignavia, vel iniuria temporis, pessumdata fuisse — ferner: subscriptioni principis sufficiebat appositio sigilli, etc. — [2]) Facsimiles: Cod. dipl. Cav. I Nr. XIX (840); CXI (899); CCII (959); Muratori Antiquit. Italiae II p. 98ᶜ (897); p. 162ᶜ (899).

rühren die Zeugennamen auf den W.T. regelmässig vom Schreiber her, 'eigenhändig' ist nur das Siegel. Und daher, wie wir nun lernen, auch die Sitte, die von einem Vertreter geschriebenen Urkunden mit eigener Hand zu untersiegeln, ganz wie die schreibunkundigen Fürsten und Ritter des Mittelalters. Und wenn diese Sitte einmal bestand, so begreift man, dass auch der Schreibkundige seine eigene Handschrift — chirographum — durch Untersiegelung noch bestärkte [1]).

Für die Rechtsbedeutung dieser Untersiegelung kommt vor Allem die lex Cornelia testamentaria mit ihren Erweiterungen in Betracht. Sie war natürlich anwendbar bei Untersiegelung einer gefälschten Urkunde mit fremdem Siegel [2]). Sicherte sie aber auch gegen doloses Ableugnen einer echten Untersiegelung? In Frage kommt hier

Modest. D. (48, 10) 27 § 1:

> Et eum qui contra signum suum falsum praebuit testimonium poena falsi teneri pronuntiatum est.

---

[1]) Dies Untersiegeln wird in Pompeji auch von Frauen und Sclaven stets geübt, während beiden die nationalrömische testatio vor VII t. c. r. p. derartig verschlossen war, dass sie in unseren Urkunden nicht einmal als Gläubiger und Interessenten ihr Verschlusssiegel mit aufdrücken. Das Errichten einer testatio war und blieb eben ein Act des Forums, also Frauen und Sclaven unzugänglich. Spricht da nun nicht das Untersiegeln von Frauen und Sclaven für den unrömischen Ursprung dieses Gebrauches? Nicht entscheidend! Möglich ist auch, dass ein ursprünglich nur von Bürgern als einzigen Trägern von Siegelringen geübtes Untersiegeln, in Folge der Frauenemancipation und des erweiterten Sclavenverkehrs auch diesen für ihre Chirographa verstattet wurde, vgl. Ateius Capito bei Macrob. Sat. VII 13: Veteres non ornatus, sed signandi causa anulum secum circumferebant. Unde nec plus habere quam unum licebat, nec cuiquam nisi libero: quos solos fides deceret, quae signaculo continetur. — [2]) Paul. III Resp.: D. (48, 10) 16 §§ 1, 2: Paulus respondit, legis Corneliae poena omnes teneri, qui etiam extra testamentum cetera (Mo: 'cera') falsa signassent; sed et ceteros qui in .. qua re sine consignatione falsum fecerunt, ... eadem poena affici solere, dubium non esse. Vgl. I. (4, 18) 7 etc. — Wenn 'signassent' hier die Untersiegelung ganz wie die Versiegelung bezeichnet, so wird ein Gleiches auch von dem paulinischen 'sine consignatione' gelten müssen, was man zunächst auf die Versiegelung zu beschränken geneigt ist. Denn dass Paulus hier an die Fälschung untersiegelter Chirographa, wie der jucundischen, nicht gedacht hätte, wäre schwer zu begreifen.

Dies fand natürlich — ganz wie auf den Siegelzeugen einer testatio — Anwendung auch auf den dritten Schreiber des Chirographums, wenn er seiner Untersiegelung entgegen falsum testimonium leistete. Dagegen war die Partei selbst, die ihre Untersiegelung ableugnete, von hier aus schwerlich zu belangen, da ja: nemo 'testis' in propria causa.

Aber da Siegelvergleichung einfacher ist als Schriftvergleichung, so war, wer seine Untersiegelung ableugnete, viel leichter der Lüge (und bei Abschwörung: des Meineids) zu überführen, als wer bloss seine Handschrift gegen sich hatte. Und so verstärkte die Untersiegelung wenigstens thatsächlich die Beweiskraft und den Gewissenszwang der Urkunde auf's Erheblichste. Dies erklärt, warum man auch Frauen und Sclaven stets untersiegeln liess, während beide zu dem eigentlich juristischen Siegelzeugniss, der Urkundenversiegelung, nicht befähigt waren (o. S. 182 A. 1).

Finden sich Spuren der Urkundenuntersiegelung in unseren Quellen, wenn man sie im Lichte der Zangemeisterschen Entdeckung prüft?[1]

In Frage kommt zunächst die subsignatio praediorum. Natürlich nicht in der Bedeutung des modernen Untersiegelns, denn das 'sub' geht nicht auf die Stellung des Siegels zu der Urkunde, sondern auf die Stellung der Verpfändungserklärung zu der Schuldverpflichtung. Nur das fragt sich, ob das 'signare' diese 'drunterstehende' Pfanderklärung als 'gesiegelt' bezeichnet. Denn dann wäre den Umständen nach nicht an Versiegelung zu denken, sondern an Untersiegelung[2].

---

[1] Was Zangemeister selbst anführt (p. 420), hat keine Beweiskraft, da hier nur die Urkundenversiegelung in Frage steht. Entweder ausschliesslich: so in den sämmtlichen Plautusstellen und in dem 'anulis nostris plus quam animis creditur' bei Sen. de benef. III 15, der dem Context nach nur an Siegelzeugen denkt. Oder doch in erster Linie, so bei Cic. ad Q. fratr. I, 1 § 13 über die Macht und Gefährlichkeit des proconsularischen Siegelringes. — [2] Die Form der cautio praediis praedibusque ist bekanntlich dunkel, vgl. z. B. Rivier, die c. pr. pr. que, Berlin 1863, S. 54; Dirksen, Abhandlungen II S. 248 f. Die 'sub'signatio praediorum stand unter der Schulderklärung, aber wo stand diese: in Wachstafeln mit dixit von Zeugen versiegelt? — oder in einem öffentlichen Wachstafelcodex? Letzteres scheint mir

Die Alten wissen nun allerdings von einem 'Siegel' bei der subsignatio praediorum nichts, sondern leiten den Ausdruck von einem archaistischen 'signare = scribere' ab.

> Paulus Ed. 53 D. (50, 16) 39 pr.: subsignatum dicitur quod ab aliquo subscriptum est, nam veteres subsignationis verbo pro adscriptione uti solebant. Ebenso Festus s. v. signare.

Aber von dieser Bedeutung von 'signare' findet sich m. W. kein Beispiel. Bei Plautus jedenfalls bezeichnet signare mit seinen Ableitungen durchweg nur 'siegeln'. Sollte da das subsignare nicht auch ursprünglich durch Siegeln (Untersiegeln) erfolgt sein, bis dann, bei steigender Schreibkunde der 'praedia' besitzenden Classen, die eigene Handschrift das eigene Siegel hier überflüssig machte — 'non signant, litteris contenti solis' — und so zu der Behauptung veranlasste, das subsignare sei von jeher durch blosses Schreiben erfolgt, weil 'veteres subsignationis verbo pro adscriptione uti solebant'!

Kam das Untersiegeln im Testament vor?

Wenn das prätorische Edict sein ursprüngliches 'obsignare' später durch 'signare' ersetzte [1]), so lag darin jedenfalls keine Rücksichtnahme auf ein neben dem ursprünglichen Versiegeln etwa aufgekommenes Untersiegeln. Denn die Edictsbestimmung geht ausschliesslich auf das Siegeln der Zeugen, und dies war unseres Wissens stets ein Versiegeln. Der Ersatz des obsignatae tabulae durch signatae entsprang offenbar nur der Vorliebe des classisch-archaisirenden Stils für das verbum simplex gegenüber den Compositen

näherliegend, und da wäre denn ein Versiegeln einer druntergeschriebenen Verpfändung natürlich undenkbar. Aber auch bei einer 'testatio' über die Schulderklärung wäre das subsignare für eine zweite, besonders versiegelte Pfanderklärung recht auffallend. Dann hätte man auch die besonders versiegelten tabulae secundae des Pupillartestaments dem Haupttestament gegenüber als 'subsignirt' bezeichnen müssen. — Also: wenn die subsignatio praediorum ihren Namen von signare, siegeln trägt, so müsste darin ein Besiegeln der druntergeschriebenen Verpfändungserklärung (in den tabulae publicae) vermuthet werden, wie bei den pompejanischen Chirographen, oder wohl noch richtiger wie bei der untersiegelten dixit-Urkunde des Felix (Nr. I).

[1]) Cic. in Verr. Act. II, I 45 § 117 und Lenel, Edictum S. 278 A. 3.

(damnare statt condemnare u. s. w.), ebenso z. B. die lex
Corn. test. bei Paulus D. (48, 10) 2: qui testamentum .. falsum scripserit, signaverit.

Ein Untersiegeln im Testament wäre nur seitens des
Testators und allenfalls auch des Schreibers denkbar. Er-
halten ist davon nichts. In den römischen Testamenten der
Berl. Pap.-Urk. I 86, 326 siegelt der Testator mit den Zeugen,
also offenbar von aussen. Ebenso bei dem Codicill daselbst
Nr. 326.

Codicille sind natürlich auch als bloss untersiegelte
denkbar. Dies berücksichtigt vielleicht

Marc. D. (29, 7) 6 § 1, 2:

> Codicillos ... ipsius manu neque scribi neque signari
> necesse est... § 2 .. ut non alias valere velit quam
> sua manu signatos et subscriptos ... licet neque
> ab ipso signati neque manu eius scripti (Mo.: 'sub-
> scripti') fuerint ...

Das subscribere ('Titius subscripsi') geschah in dem Codicill,
also vor Versiegelung; wenn nun Marcian es zweimal nach
dem signare erwähnt, dachte er da etwa an Untersiegelung?

Als Untersiegelung ist ferner denkbar das adsignare,
wodurch der Herr, der Auftraggeber, Curator u. s. w. ihre
Zustimmung zu einem Acte erklären. So in Pompeji der
Gläubiger, für den ein Anderer die Quittung geschrieben
hat; während allerdings die Duumvirn in den Municipal-
quittungen zum Zeichen ihrer Genehmigung mit versiegeln,
dagegen nicht mit untersiegeln.

Für die Beglaubigung eines Briefes, Befehls u. s. w.
hatte die Versiegelung dann keinen Nachtheil, wenn er
nur für einmalige Wirkung bestimmt war, so die orientalischen
Königsbriefe 'versiegelt mit des Königs Siegel', z. B. Buch
Esther 3, 10 ff.; 8, 2 ff. Der Adressat stellte zunächst die
Echtheit und Unverletztheit des Siegels fest, und damit die
Echtheit des königlichen Befehls, den er dann erst öffnete,
las und ausführte. Anders aber da, wo dieselbe Beglaubi-
gung durch Siegel mehrmals wirken sollte. Hier war das
Verschlusssiegel äusserst unpraktisch, da es durch die erste
Oeffnung des Briefes juristisch für immer vernichtet wurde.

Dies kommt in Frage bei dem von August für die Juristen-
gutachten vorgeschriebenen 'signare'.

Pomp. D. (1, 2) 2 § 49:

.. ante tempora Augusti .. neque responsa utique
signata dabant, sed plerumque iudicibus ipsi scribe-
bant, aut testabantur qui illos consulebant. Primus
divus Augustus, ut maior iuris auctoritas haberetur
constituit, ut ex auctoritate eius responderent[1]).

Also: vor August schrieb der Jurist an den Geschwor-
nen, oder er respondirte mündlich und die Clienten machten
eine testatio. Seit August aber gab er ein 'responsum sig-
natum', offenbar in der z. B. bei Celsus erhaltenen Form
eines Briefes an den Clienten. Wie erfolgte da die signatio?
Nach Krüger durch Versiegelung, aber mit offener Copie
(scriptura exterior), damit der Client Kenntniss davon nehmen
könne, ohne durch Lösung des Verschlusses die Urkunde
des Siegels zu berauben. Es ist dies eine blosse Hypothese,
neben die man seit Zangemeisters Entdeckung die des untersiegelten responsum wird stellen dürfen, sei es neben der
Versiegelung (wie bei den Urkunden B + B, die unter-
und versiegelt sind: oben S. 178 f.), sei es noch einfacher ein
offener, bloss untersiegelter Brief (epistola inter praesentes
emissa) entsprechend dem äusseren Chirographum der Form
A + B.

Endlich und vor Allem ist an Untersiegelung zu denken
bei den Diplomen, den 'Doubles'[2]). Ihre Form ist nicht
klar bezeugt: waren es Doppeltafeln: Diptychen, oder
Doppelurkunden: verschlossene scriptura interior und offene
exterior? Das heut sog. Militär'diplom', als Doppelurkunde
mit VII testes c. R. p., muss dabei ausser Betracht bleiben.
Es ist ein 'descriptum et recognitum factum', aber kein

---

[1]) Hiermit ist offenbar zu verbinden Seneca de benef. VII 16: si
tamen quid sentiam quaeris et vis signare (? — 'signari'!) responsum ... — Mit 'signari' entspricht die Aeusserung der von Augustus
vorgeschriebenen Form, während signare fälschlich das voraugustische
'testari' seitens des Consulenten als geltendes Recht bezeichnen würde.
— [2]) Δίπλωμα ist alles Doppelte, z. B. der Doppeltopf der Apotheker
(bain Marie). Die lateinische Form 'duploma' entspringt offenbar einer
Volksetymologie von duplum.

römisch‑technisches Diploma, wie z. B. die von **Nero** der griechischen Tänzern vom Fleck aus verliehenen 'diplomata civitatis romanae' (Suet. Nero 12) oder die von **Caligula** als 'vetera et obsoleta' behandelten 'divorum .. Iulii et **Augusti** diplomata', d. h. Verleihungsurkunden (Suet. Cal. 38). **Diese** waren gewiss nicht von 7 Zeugen beglaubigt, sondern **direct** von des Kaisers Hand. Genau so auch die am **häufigsten** genannten Diplome zur Benutzung der Reichspost.

Diese waren gesiegelt:

Plut. Galba 8: τὰ καλούμενα (also ein specifisch römischer t. t.) διπλώματα σεσημασμένα.

Vgl. Suet. Octav. 50: in diplomatibus, libellisque et epistolis signandis .. usus est ... imagine sua, .. qua signare insecuti quoque principes perseverarunt.

Waren diese kaiserlichen diplomata nun versiegelt mit einer scriptura exterior, oder offen und untersiegelt?[1]

Die Postdiplome wurden vom Kaiser eigenhändig ausgefertigt: Plin. ad Trai. 45, 46 K., Plut. Otho 3; Suet. Otho 7; Julian C. Th. (8, 5) 12, 14[2]). Ihre Gültigkeitsdauer und ihr Umfang waren beschränkt. Authentisches darüber war bei Streit zwischen dem Träger des Diploms und etwa einer vorspannpflichtigen Gemeindebehörde nur aus dem vom Kaiser herrührenden Original zu entnehmen. Dieses einzusiegeln, mit einer juristisch werthlosen scriptura exterior daneben, wäre doch mehr Schildas als Roms würdig gewesen! — Der die Beförderung verweigernde Duumvir (oder auch praeses provinciae) erklärt die scriptura exterior — mit Recht — für nichtssagend, die interior wird geöffnet und entscheidet zu Gunsten des Diplominhabers. Wie reist er da nun weiter? Das kaiserliche Verschlusssiegel ist ja juristisch unwiderruflich vernichtet! — Allein zweckmäfsig war es also, das kaiserliche Handschreiben 'offen mit aufgedrücktem Insiegel'

---

[1]) Wenn Macrob. Sat. I 23 versiegelte Privatbriefe 'diplomata consignata' nennt, so beweist dies natürlich für die technischen Diplome der Kaiserverwaltung 'τὰ καλούμενα διπλώματα' gar nichts. Er braucht das Wort untechnisch, ganz wie z. B. Seneca de benef. VII 10: video istic diplomata et syngraphas et cautiones, vacua habendi simulacra, umbra⟨cula⟩ avaritiae quaedam laborantis. — [2]) In älterer Zeit auch 'im Namen des Kaisers' von den Statthaltern: Tac. Hist. II 65.

auszufertigen. Und da wir nun durch Zangemeister wissen, dass die Römer die offene, untersiegelte Urkunde kannten, können wir sie getrost als Form der Post-, Bürgerrechts- u. s. w. Diplome vermuthen. Dies um so mehr, als sie gewiss kaiserliche 'chirographa' waren, und wir nach Zangemeisters Feststellungen berechtigt sind, chirographum und Untersiegelung als zusammengehörig zu betrachten. Damit wird der kaiserlichen Postverwaltung der Vorwurf erspart, statt einer in Rom üblichen, zweckentsprechenden Form die denkbar unsinnigste gewählt zu haben[1]). Und gleichzeitig wird für die vermuthlich (s. o. S. 181) seit der Völkerwanderung bei den Germanen üblichen untersiegelten Königsurkunden das römische Vorbild gewonnen in diesen 'Diplomen' mit des Kaisers 'Handschrift und Insiegel': 'subscripta et signata'.

7. Die 7 Zeugen des römischen Rechts.

Der bekannte Aufsatz von Bruns über den obigen Gegenstand ist vorwiegend kritisch negativ gehalten und schiebt mit vielen Irrthümern doch auch Richtiges bei Seite.

Ausserdem ist entschieden irrig ein Ausgangspunkt, der für alles Folgende eine weit grössere Bedeutung hat, als Bruns ihm offenbar beilegte: nämlich die Erklärung der 7 Zeugen des prätorischen Testaments durch die 5 Mancipationszeugen, den libripens und den familiae emptor. Dadurch wären die 7 Zeugen auf das Testament beschränkt, ihre zweifellose Ausdehnung auf Beglaubigungen u. s. w. wäre eine rein willkürliche, und durchaus methodisch wäre es, mit Bruns, diese Ausdehnung 'contra rationem' eben nur für die Fälle anzunehmen, wo sie speciell und positiv bezeugt ist.

Aber der familiae emptor kann als 'testis' unmöglich aufgefasst worden sein, da er ja bis zuletzt als Interessent galt, so dass sogar sein Hausvater oder -Sohn vom Zeugniss ausgeschlossen waren: G. H 105. Daher war materiell durch—

---

[1]) Dass die 'descripta et recognita' in dieser Form erfolgten, und bei den (der Fälschung weniger ausgesetzten) broncenen Militärurkunden die scriptura exterior bald allein in Betracht kam, beweist natürlich gar nichts für die nach Zweck und Ursprung völlig verschiedenen 'Diplome'!

aus richtig die Bemerkung der Institutionen II 10 § 10:
veteres .. familiae emptorem et eos, qui per potestatem
ei coadunati fuerant, testamentariis testimoniis repelle-
bant. Als siebenter Testamentszeuge muss also der 'antestatus' gedacht werden, der bei jedem per aes et libram
gestum figurirte und den man in einleuchtendster Weise als
'Zeugen über den Erz- und Wageact im Ganzen' erklärt
hat[1]). Damit aber waren die 'VII signatores', später abusiv:
'VII testes' für jedwedes Geschäft per aes et libram ge-
geben: nexum, nexi liberatio und die zahllosen Anwendungen
der Mancipation. Und die von 7 Bürgern versiegelten Wachstafeln waren von selbst, ohne jede positiv-willkürliche Ausdehnung eine das ganze römische Civilrecht beherrschende
Einrichtung. Da hat es denn nichts Befremdendes, wenn
dieselbe den Römern als Normalform der testatio galt und
nun auch ausserhalb der per aes et libram gesta zur Anwendung kam. So — vielleicht gesetzlich bestätigt oder
gar eingeführt — beim 'descriptum et recognitum facere'
z. B. den sog. Militärdiplomen.

Und ebenso in den pompejanischen Wachstafeln, in der
Mancipationsurkunde der Poppaea Note, hier mit ausdrück-
licher Nennung des antestatus neben dem libripens; und vor
Allem in den dixit-Quittungen des Jucundus. Denkbar —
wenn auch zur Erklärung dieser Anwendung ganz und gar
nicht nöthig — wäre, dass man die testatio mit 7 Siegeln
für Forderungsaufhebungen von der nexi liberatio über-
nommen und hergeleitet hätte. Jedenfalls ist nach Zangemeister (p. 432) das Siegeln von 'non minus VII t. c. r. p.' bei
jenen dixit-Urkunden absolut sicher: selten genau 7 Siegel,
dann nur Zeugen, manchmal 8: der Gläubiger und 7 Zeugen,
am häufigsten 9 Siegel, einmal sogar 11.

Hierdurch fällt die von Bruns auf de Petras unvoll-
ständigere Lesungen gestützte Annahme, jene Urkunden
zeigten manchmal nur 6 Siegel, durchgängig aber eine gerade
Zahl: 6, 8, 10. Hierdurch sei ausgeschlossen die Herleitung
aus den VII t. c. r. p., und geboten die Aufstellung eines
anderen, jene geraden Zahlen erklärenden Princips, welches

---

[1]) Vgl. Karlowa, R. RG. II S. 779 ff.

Bruns in dem 'adhibentur ab utraque parte testes' bei
dem Zeitgenossen des Jucundus, Seneca de benef. III 15,
findet. Dieser Gedanke ist nun so hübsch, dass Zangemeister
ihn trotz Festhaltens an Mommsens VII t. c. r. p. zu ver-
werthen sucht: ausser diesen 7 Zeugen seien noch 'ab utraque
parte testes' gestellt worden, je 1 dann 9 Siegel oder je 2
dann 11. Aber wo kamen denn jene ersten VII t. c. r. p.
her? Doch auch von den Parteien. So sei denn folgende
Erklärung versucht:

Mit oder ohne Nachahmung der nexi liberatio liess sich
Jucundus — und gewiss jeder vorsichtige Gläubiger — über
seine Schuldbefreiung eine testatio von mindestens 7 Bürgern
versiegeln. Da aber regelmäfsig jede Partei bei diesem
beide interessirenden Act gleich viel Zeugen stellte — je 4
— und meist der Gläubiger mit siegelte, kam man regelmäfsig auf 9 Siegel. So bleiben Bruns und Seneca bei ihrem
Recht, aber auch die offenbar absichtliche Innehaltung der
Mindestzahl von VII t. c. r. p.

Dass aber die Bruns'sche Combination richtig ist, und
Jucundus in der That einen erheblichen Theil der Zeugen
stellte, ergiebt die Durchsicht der Sieglernamen bei Zangemeister. Von den ungefähr 549 lesbaren Signatorenbeischriften
rühren ungefähr 143 von denselben 19 Personen her, die
wiederholt (von 3 bis 18 mal) als Siegelzeugen auftreten, also
vermuthlich in Beziehungen zu Jucundus standen. Das wäre
nun erst $\frac{1}{3}$, nicht $\frac{1}{2}$ der Zeugen, aber ein grosser Theil
der Namen ist eben unlesbar geblieben. Und ausserdem
ist zu berücksichtigen, dass die Zeugen mehr als Beweis-,
denn als Sollennitätszeugen gedacht waren, daher Respecta-
bilität und Unabhängigkeit erwünscht war, vgl. D. (22, 5) 7, 24;
C. (4, 20) 3, 5. Sodann und vor Allem, dass bei südlichem
Strassen- und antik-republicanischem Marktleben an Honoratioren zum testari und signare nie Mangel war. Selbst
wenn also Jucundus durchgängig 4 Signatoren stellte, als
praktische Hälfte der VII t. c. r. p., darf man die Analogie
etwa der 2 stets gleichen Zeugen eines preussischen Notars
nur mit Mafsen anwenden!

Von Interesse, als Bethätigung des irrationellen römischen
Conservatismus, ist, dass nach Zangemeister bei diesen testa-

tiones Frauen und Sclaven nicht nur — wie natürlich — von
dem officium civile et virile des Siegelzeugnisses ausgeschlossen sind (o. S. 182 A. 1), sondern sogar als Gläubiger
nicht mitsiegeln, während sie beim Ver- und Untersiegeln
der Chirographa ganz wie Bürger zugelassen werden[1]).
Bemerkenswerth ist, dass in Nr. C diese nationalrömische
Beurkundungsform von einem Nichtbürger dem Alexandriner
Ptolemaeus, Sohn des Masyllus, für seine 'perscriptio auctionis
lintiariae' benutzt wird, der auch sein Gläubigersiegel auf-
drückt. Diese ganze Urkundenform war eben eine Sache
der Sitte, nicht des Rechts[2]).

Ob endlich dieses Auftreten der VII t. c. r. p. bei den
jucundischen dixit-Urkunden für deren Acceptilationscharakter
spricht, ist im folgenden Paragraphen zu prüfen.

8. Die Terminologie der Jucundus-Urkunden.

Sie ist verschieden für die dixit-Urkunden: testationes
(Zangemeister: A) und die scripsi-Urkunden: chirographa
(Zangemeister: B). Letztere lauten — mit der verschwin-
denden Ausnahme von 2 mit sibi persoluta esse (XXII;
LVII) — durchweg auf scripsi me (eum) accepisse, und
zwar ohne jeden Zusatz von numeratos, solutos etc. Ein
scripsi me habere findet sich nie. Eine Annäherung daran
nur in dem offenbar fehlgegangenen Chirographum des A.
Messius Speratus[3]), das in wunderlicher Weise das scripsi
me accepisse und dixit se habere durcheinanderwirft.

Die testationes dagegen (A) enthalten in der ungeheuren
Mehrzahl (etwa 38): dixit se (eum) habere numeratos,

---

[1]) Zangemeister p. 432. — Nur ein Kaisersclave Chryseros Caesaris Narcissianus siegelt als Gläubiger hinter 8 Zeugen auf Nr. CI,
deren Text leider unlesbar ist. — [2]) Wenn in den Siebenbürger Wachstafeln die Siegel der Parteien (venditor, auctor secundus, debitor, fide-
iussor) unter den 7 (Zeugen-) Siegeln figuriren, so ist dies zweifellos ein
barbarisirendes Missverständniss der römischen Tradition, genau wie die
Mancipationen unter Nichtbürgern, für ein Provinzialgrundstück etc. —
[3]) Nr. XXXII = Petra 28. — Früher nur als 'Speratus' gelesen und
daher für einen Sclaven zu halten. Die hieraus entstehenden Schwierigkeiten (Erman zur Gesch. d. r. Quittungen etc. S. 15) fallen nun fort,
seit Zangemeister seine tria nomina gelesen hat.

solutos, persolutos. Keinmal habere acceptos (oder accepisse et habere). Und nur 2mal vielleicht ein blosses
habere ohne Zusatz.

Endlich 3mal (I, V, XLIX): dixit se (eum) numeratos
accepisse (Zangemeister C. I. L. IV 422-3).

Hiervon zuerst. Die Acceptilationsantwort lautet 'habeo'
auf die Frage habesne acceptum? So ist also als testatio
darüber schlechterdings nur dixit se habere denkbar; die
drei Urkunden mit dixit se accepisse sind keine Acceptilationen. So ausdrücklich Karlowa, der im Uebrigen bekanntlich Mommsens Acceptilationsauffassung vertritt[1]).

Nun sind aber diese gewöhnlichen Quittungen von VII t.
c. r. p. versiegelt, denn Nr. V hat 8 Zeugensiegel, Nr. XLIX:
7 Zeugen und 2 Gläubiger und auch Nr. I war eine versiegelte testatio (o. S. 176), also gewiss mit VII t. c. r. p.
Da kann denn also aus dieser Beglaubigungsform nicht irgend
welcher Beweis für den Acceptilationscharakter der testationes mit habere se dixit entnommen werden.

Ungewiss bleibt leider, ob diese drei accepisse-Testa-
tionen auch von der Clausel 'ex interrogatione facta tabellarum signatarum' im Chirographum begleitet waren. — Mit
diesem Unterschied zwischen accepisse und habere eng ver-
knüpft ist die Frage der Sclavenquittungen. Zangemeister
bestätigt, dass die Sclaven durchweg chirographarisch, also
mit accepisse quittiren, die scheinbare Ausnahme für Speratus
ist erledigt (o. S. 191 A. 2). Nur von einem Kaisersclaven
Chryseros Caesaris Narcissianus liegt eine testatio, mit acht
Zeugensiegeln vor und seinem eigenen als Gläubiger (oben
S. 191 A. 1). Die Urkunde ist leider unlesbar. Von Rechts-
wegen sollte sie auf 'dixit se accepisse' gelautet haben. Indess,
wie man den servus Caesaris der allgemeinen Sitte zuwider
zur Versiegelung einer römischen testatio zuliess, so könnte
man sehr wohl ihn auch von derjenigen Regel stillschweigend
entbunden haben, die den gewöhnlichen Sclaven von dem
'dixit se habere' ausschloss, mochte dies nun — nach
Mommsen — der Satz sein 'servus nec iussu domini acceptum

---

[1]) R. R. G. I S. 801.

facere potest' D. (46, 4) 22, oder vielmehr das allgemeinere
Dogma der Vermögensunfähigkeit, wer 'nihil suum habere
potest', kann auch nicht 'habeo' von sich aussagen[1]).

9. Die 'habere'-Urkunden und die Acceptilation.

Eine Acceptilationstestatio muss 'habere' enthalten; aber
wird sie normaler Weise sich damit begnügen, oder ist
'acceptum habere se dixit' zu erwarten?

Für das blosse 'se habere' berufen sich Mommsen, Karlowa u. A. auf G. II 85: si (mulier) non accipiat sed habere
se dicat et per acceptilationem velit debitorem .. liberare.
Noch geeigneter wäre Seneca de beneficiis VII 14, 16.

Er erörtert die Frage: 'an qui omnia fecit ut beneficium
redderet, reddiderit?' und sagt cap. 14: debitoris exemplum
dissimile est, cui parum est pecuniam quaesisse, nisi solvit.
Illic enim stat acerbus super caput creditor, qui nullum diem
gratis occidere patiatur, hic benignissimus, qui cum te viderit
... sollicitum ... dicat: desine tibi molestus instare. Omnia
a te habeo. Iniuriam mihi facis . . . . und cap. 16: hic
beneficium recepisse se iudicet, ille se sciat non reddidisse. Hic illum dimittat, ille se teneat. Hic dicat:
habeo, ille respondeat: debeo . . . Ingratus es, nisi ei qui
voluntatem bonam in solutum accepit, eo libentius debes,
quia dimitteris. Non rapias hoc, nec testeris; occasiones
reddendi nihilominus quaeras.

Hier setzt Seneca von dem (normalen, nicht philosophisch
feinfühligen) Schuldner voraus, dass er über das 'habeo'
seines Gläubigers eine testatio aufnimmt, um seine zahlungs-
lose Befreiung sicher zu stellen (se sciat non reddidisse; dimittat; quia dimitteris). Da fragt es sich denn: meinte er
hier die Acceptilation, und dachte er sich dann die testatio
als ein blosses 'habere se' dixit?

Dass Seneca, als römischer Geld- und Geschäftsmann,
das acceptum facere kannte, ist sicher. Ebenso wusste er
natürlich, dass im römischen Recht die Quittung nur ein
widerlegliches Beweismittel war und nicht, wie vermuthlich

---

[1]) Vgl. Erman, z. Gesch. d. röm. Quittungen etc. S. 16—22, und
den dort citirten Julian D. (45, 1) 38 § 6, ferner unten S. 209 A. 1.

im griechischen[1]), auch als Erlassform anzuwenden. Aber
wenn er philosophirte, dürfte ihm diese in der That sehr
raffinirte römische Unterscheidung als eine 'arguta iurisconsultorum ineptia' erschienen sein, genau wie die von hereditas
und res hereditariae. Es liegt ihm denn auch eine technisch
durchgeführte Acceptilationsanspielung jedenfalls fern. Bei
der Acceptilation führt der Schuldner selbst seine Befreiung
herbei durch die Frage: Quod.. promisi, habesne acceptum?
worauf der Gläubiger 'habeo' antwortet. Seneca dagegen
lässt den Schuldner ohne seinen Willen, also ohne eigne
Frage, befreit werden durch ein spontanes 'Omnia a te
habeo' des Gläubigers, worauf der Schuldner seinerseits
antwortet 'debeo'.

Wie die griechisch-römischen Rhetoren und Philosophen
überhaupt, arbeitet Seneca also hier mit einem Phantasierecht: an die einseitige Erklärung des Gläubigers 'Omnia
a te habeo' knüpft er den Erlasserfolg, der in Rom an das
acceptum rogare des Schuldners und das '(acceptum) habeo'
des Gläubigers gebunden war. Dabei war ihm der Wortsinn dieses 'habeo' bewusst und von Interesse, wie das wortspielende habeo — debeo (de-hibeo) zeigt. Wohl möglich
auch, dass er die Stelle griechisch gedacht, oder gar einem
griechischen Muster entlehnt hatte, denn das ἔχω, ἀπέχω der
Griechen war wohl Quittung und Erlass zugleich und es
setzte, unsers Wissens, keine rogatio des Schuldners voraus.

Jedenfalls, auf römisch-juristische Correctheit war Seneca
hier gar nicht aus. Auch wenn er also bei dem 'habeo' an
die Acceptilationsantwort dachte, so kann daraus, dass er
diese genau so gab, wie sie mündlich lautete, ohne sie aus
der rogatio zu einem seine Ausführungen störenden 'acceptum habeo' zu ergänzen, offenbar gar nichts geschlossen
werden. Insbesondere nicht, dass Seneca, wenn er, den
kosmopolitischen Philosophen mit dem römischen Geldmann
vertauschend, Acceptilation gewährte oder erhielt, und nun
zur testatio darüber schritt (non rapias hoc, nec testeris!),
er diese auf 'habere se dixit' abgestellt hätte, statt auf

---

[1]) So, mit guten Gründen, Frese, Zur Lehre von der Quittung, in
dieser Zeitschr. Bd. XVIII (1897) S. 252 (vgl. auch Mitteis, diese Zeitschr.
XIX S. 243). Anders Behrend, Zur Geschichte der Quittung (1896) S. 16.

'acceptum habere se dixit', unter Erwähnung vermuthlich auch noch der rogatio und der Stipulation.

Wesentlich ebenso steht es aber auch mit Gaius II 85. Er bezeichnet nicht im Mindesten das 'dicat se habere' als ausreichende testatio über eine Acceptilation, sondern reproducirt die mündliche Acceptilationsantwort, indem er durch ein 'et per acceptilationem velit debitorem .. liberare' diesen ihren Charakter ausdrücklich betont.

Darüber, wie unter Nero oder Antoninus Pius eine Acceptilationstestatio lautete, kann also ohne Willkür aus diesen Seneca- und Gaiusstellen nichts entnommen werden.

Nach Mommsen und Zangemeister könnte sie 'accepisse' oder 'habere' se dixit lauten, nach Karlowa (o. S. 192 A. 1) wenigstens 'habere' se dixit. Aber selbst dann bliebe zu erklären, warum Jucundus dem habere fast stets ein numeratos, solutos, persolutos hinzufügte. Denn, dass etwa die mündliche Acceptilation schon unter Nero statt auf 'habesne acceptum?' willkürlich auf 'habesne numeratum', etc. hätte gestellt werden können, ist unsern Quellen absolut zuwider. Gaius, der für stipulatio, heredis institutio, Legate u. s. w. mehrere Formeln zur Auswahl giebt, kennt für das acceptum facere nur das eine 'habesne acceptum? habeo' (G. 3. 169). Ebenso die anderen Classiker — auch bei Uebersetzung ins Griechische Ulp. D. (46, 4) 8 § 4 — und sogar noch Justinian I. (3, 29) § 1. Denn das 'accepta facis? facio' bei Ulp. D. (46, 4) 7 ist keine blosse Formeländerung, sondern ein Surrogat der Vornahme des ganzen Actes — quod dictum est quasi actum, id videatur quoque actum — durchaus entsprechend der blossen Erklärung 'heredem instituo', statt — durch das 'heres esto' — ihn wirklich zu instituiren [1]).

'Habesne numeratum, solutum etc.? habeo' war also keine Acceptilation, und das stete Beisetzen dieser Participia unter absolutem Vermeiden des bei Quittungen von selbst sich bietenden, in den andern Jucundus-Urkunden durchweg gebrauchten accepisse neben dem habere deutet nicht auf Acceptilation, sondern ganz im Gegentheil auf ein Ablehnen jedweden Acceptilationsverdachts!

---

[1]) Vgl. Erman z. Gesch. d. röm. Quittungen S. 34 ff.

10. Die Stipulation in den Jucundus-Urkunden.

Karlowa, der Mommsens Acceptilationsauffassung gegen
Bruns vertritt, sagt (R. R.G. I 803): 'Die ganze hier gegebene
Deduction würde hinfällig sein, wenn Bruns' vierter . . Ein-
wand begründet wäre: Ist keine Stipulation vorhanden
und erwähnt, auf welche die Acceptilation bezogen werden
kann, so muss man die Acceptilation aufgeben'.

So versteht er denn die in den meisten Auctionsquittungen
sich findende Clausel: 'quae pecunia in stipulatum venit
(quam p. in st. redegi etc.) L. Caecili Iucundi ob auctionem'[1])
nicht von der Activstipulation des Jucundus mit den Auctionskäufern, sondern von seinem Stipulationsversprechen an den
Auftraggeber. 'Stipulatus' sei hier durchweg passivisch ge-
braucht. Dass diese Bedeutung existirt, ist sicher, vgl. Bris-
sonius, Forcellini u. A. bei stipulari und seinen Ableitungen.
Aber sie ist selten und es wäre höchst auffallend, wenn
Jucundus, der sonst durchaus normal schreibt, gerade dieses
Hauptwort des Rechtsverkehrs durchweg ungebräuchlich ver-
wendet hätte. Und das zumal bei dem Verbalsubstantiv
'stipulatus', das, wie Zangemeister (p. 421 s.) mit Recht bemerkt, gerade eine Thätigkeit ausdrückt.

Dazu kommen noch inhaltliche Gründe. Jucundus zahlt
diese Stipulationssumme stets 'mercede minus'. Das stimmt
für den Betrag, den er von den Auctionskäufern stipulirte.
Dagegen versprach er seinem Clienten den Nettobetrag 'de-
ducta mercede', und von diesem Nettobetrage ist natürlich
ein nochmaliger Abzug der Merces undenkbar. — Sodann
liegt der Verfalltag der Stipulation durchweg vor dem Tage,
wo Jucundus zahlt, mitunter Monate davor. Das ist selbstverständlich für die Stipulation von den Käufern: Jucundus
verauctionirte auf Credit und zahlte seinerseits baar — ein
Hauptzweck des ganzen römischen Auctionswesens. Uner-
klärlich wäre dagegen, warum Jucundus selbst sich stets
einen so langen Credit hätte gewähren lassen, wenn er ihn
dann doch nie benutzte; zumal seine merces natürlich um
so kleiner ausfiel, je längere Frist er sich ausbedingte.

---

[1]) In Nr. LVIII hat Zangemeister (quam pecuniam) stipulatus
est (Iucundus) gelesen.

Karlowa's Ausweg der Passivstipulation ist also unmöglich. Dagegen ist gangbar ein von Behrend vorge-
schlagener[1]).

Dass Jucundus seinen Auftraggebern durch Stipulation
verpflichtet war, ganz wie die Käufer ihm, ist zweifellos[2]).
Worauf lautete aber diese Stipulation des Auftraggebers.
Nach Behrend's einleuchtender Vermuthung auf das, was
Jucundus von den Bietern stipuliren würde, mercede minus.
Da konnte man also die Stipulationsschuld des Jucundus
bezeichnen durch Nennung seiner Stipulationsforderung
'mercede minus'[3]). Immerhin fehlt es aber auch so noch
immer an der für die Acceptilation wesentlichen ausdrück-
lichen Bezeichnung der aufzuhebenden Schuld als verbalen!

11. Die interrogatio in den Jucundus-Urkunden.

Die Acceptilation ist die Aufhebung von Stipulations-
schulden durch ein '(acceptum) habeo', erklärt in der eadem
forma, d. h. mittelst Frage und Antwort.

Unsere angeblichen Acceptilationsurkunden vermeiden
nun mit strenger Consequenz das 'acceptum habere' und
bezeichnen die Schuld nicht als stipulirte, wie steht es da
mit dem dritten Essentiale, der interrogatio?

Die testatio, also das altrömische Hauptexemplar, erwähnt davon nichts, obwohl sie von Jucundus oder seinem
Schreiber sehr ausführlich abgefasst wurde, gewiss nach Vorbild eines alten Formulars. Das wäre höchst befremdend beim
Vergleich mit den Stipulationsurkunden der verschiedensten
Zeiten mit ihrer steten Erwähnung der rogatio: stipulatus
est — spopondit; fide rogavit — fide promisit; ἐπερωτηθείς
ὡμολόγησα u. s. w.

---

[1]) Behrend, z. Gesch. d. Qu. S. 7. — Er schliesst sich Mommsen
und Karlowa an, bemerkt aber: 'ein zwingender Beweis wird sich für
die hier vertretene Hypothese freilich nicht liefern lassen'. — [2]) Vgl.
D. (46, 3) 88 und die allgemeine römische Sitte. — [3]) Verauctionirte
Jucundus nie gegen baar? Das wäre auffallend. Aber man sieht nicht
recht, wann und wie er die Baarbeträge abführte. Sofort nach der
Auction — so dass der Auftraggeber stipulirte: 'quaecunque ex auctione
mea receperis vel stipulatus eris, mercede minus' — ? Aber zahlte denn
Jucundus nicht auch die stipulirten Beträge sofort aus!

Doch wenn Jucundus in der Haupturkunde das acceptum rogare nie erwähnte, so hätte er dies seltsamer Weise wieder gut gemacht durch regelmäßige Erwähnung in dem Formular, das er seinen Kunden für ihr Chirographum vorsprach oder vorlegte, in der mit geringen Abwechselungen 9 mal sich findenden Clausel: 'ex interrogatione facta tabellarum signatarum'. Dies ist bekanntlich das weitaus beste Argument für Mommsens Hypothese. Die Auslegung dieser Clausel dürfte endgültig festgestellt werden durch

Seneca de beneficiis III 15:

cogere fidem quam spectare malunt. Adhibentur ab utraque parte testes: ille per tabulas plurium nomina interpositis parariis facit. Ille non est interrogatione contentus, nisi reum manu sua tenuit.

Ebenda II 23:

Quidam nolunt nomina secum fieri, nec interponi pararios, nec signatores advocari (für eine testatio), nec chirographum dare.

Die erste Stelle ist offenbar das genaue Seitenstück unserer Clausel. Jener Seneca'sche Gläubiger, der das Darlehn stipulirt und 'advocatis signatoribus' eine testatio: 'stipulatus est Gaius — spopondit Titius' darüber aufgenommen hat, 'non est interrogatione contentus, nisi reum manu sua tenuit', er lässt sich 'chirographum dari', vermuthlich einen Darlehnsempfangsschein: 'Titius scripsi me C mutua accepisse'. Und in diese chirographarische scriptura exterior passte als Hinweis auf die versiegelte testatio durchaus unsere pompejanische Clausel:

Titius scripsi me C mutua accepisse, ex interrogatione (resp. 'stipulatione') facta tabellarum signatarum [1]).

Danach ist Mommsens Uebersetzung der Clausel die richtige, die Bruns'sche Deutung: 'nach Prüfung des versiegelten Hauptexemplars' [2]) ist aufzugeben.

---

[1]) Die Verbindung von 'dixit se' und 'scripsi me' in unsern Urkunden, die so ähnlich ist den ägyptischen mit Ὁμολογεῖ ὁ Σῦρος . . . (testatio des Notars, aber unversiegelt!) und Σῦρος ὁμολογῶ . . ., war also nicht eine nur in Pompeji fortlebende griechische Urkundungssitte, sondern eine zu Senecas Zeit gemeinrömische. Aber gewiss, wie das chirographum selbst, von griechischem Ursprung. — [2]) Vertreten von Erman, Zur Gesch. d. röm. Quittungen S. 12 f. Der gegen diese

Die Clausel ist nun bei den Jucundus-Urkunden A + B eine ganz stehende und nicht — wie Zangemeister p. 422 meint — durch die Höhe der Schuldsumme bedingt. Denn sie findet sich 9 mal[1]) bei Beträgen von 2635, 2787, 3511, 4192, 6875, 8562, 10 305, 11 039, 13 337, 30 955 H.S., während sie ganz fehlt nur in 3 Urkunden Nr. VI mit 1567 H.S., Nr. XXII mit 6456 ½ H.S. und Nr. XXXIV.

Die Hinzufügung der Clausel war demnach keine besondere, nur bei grossen Beträgen angewandte Vorsichtsmafsregel, sondern durchaus die Regel: wie 9 zu 3, oder besser wie 10 zu 3[2]). Danach spricht denn die Vermuthung für ihr Vorhandensein auch in den 'dixit se accepisse'-Urkunden! (oben S. 192).

Deutung von Karlowa, Zangemeister u. A. erhobene Protest war berechtigt. Die ungewöhnliche und durchaus unbelegte Bedeutung interrogatio = Prüfung durfte nicht angenommen werden, solange mit der normalen Bedeutung 'interrogatio - Frage' irgendwie durchzukommen war. Die Seneca-Stelle erledigt den Punkt nun endgültig.

[1]) Nr. XVII, XXV, XXVI, XXVII, XXVIII, XXXII, XXXV, XXXVIII, XL. — [2]) Unter Hinzurechnung nämlich von Nr. XLVI, wo unsere Clausel offenbar angewendet werden sollte. Hier die ganze Urkunde: S. 2 und 3: H.S. n. ∞ ∞ DCXXXV quae pecunia in stipulatum L. Caec(ili) Iucundi venit ob auctione(m) M. All(ei) Hyg(i)ni in k. Novemb(res) primas (mercede) minus so(luta habere) se dixit (Alleius Hyginus) ab L. Cae(cil)io Iucundo. — Act. P(o)mpe(is) III non(as) Se(ptembres). L. Annaeo (P. P)alfurio Cos. — S. 4: 8 Siegelbeischriften. — S. 5: L. (Annaeo P. Palfurio cos. III non. Sept.) M. H(. . . scripsi rogatu) Al(lei Hygini eum accepis)s(e) ab L. (Caecilio Iucundo ∞ ∞) DCXXX(V . . sestertios num)mos ex nom(. . . . tabell)arum signa(tarum in k. N)ov(e)mbr(es) primas, merc(ede minus). Actu(m Pom)peis. — Das Räthsel liegt in dem 'ex nom . . (tabell)arum signa(tarum)'. 'Nom' lasen auch schon Petra und Mau, von deren Lesungen Zangemeister sich hier sonst mehrfach entfernt. Doch hat das o eine dem griechischen χ ähnliche, aussergewöhnliche Form, die allenfalls auch ein 'u' sein könnte. — Zur Erklärung sagt Zangemeister h. l.: 'fortasse supplendum est 'nom(inibus)' i. e. nominibus quae cum pecuniae summis in tabellis auctionum perscripta erant. (Dies geht offenbar nicht; die Auctionsbücher waren nicht versiegelt. — Mit den 'tab. sign.' kann schlechterdings nur die versiegelte scriptura interior gemeint sein. —). Nam 'nom(inatione)' pro 'interrogatione' restituere vix licebit, cum sine exemplo dictum foret'. Auf S. 422 sagt er: haec 'ex nom . .' quomodo restituenda sint — an fortasse 'nunc(upatione)' latet? — adhuc quaeritur. — Aber selbst für die Acceptilation wäre die Bezeichnung als 'nuncupatio' beispiellos und passte schlecht zu dem

Unsere Clausel bezeichnet also das 'dixit' des Hauptexemplars als erfolgt 'ex interrogatione', muss es darum nun
auch mit Mommsen als Acceptilation angesehen werden? Vor
Beantwortung dieser Frage ist ein bisher bei Seite gelassener
Punkt zu erörtern.

12. Die pompejanischen Frauenquittungen.

Unbegreiflich aber doch wahr ist es, dass von den zahlreichen Bearbeitern der Jucundus-Urkunden seit 1877, in-
mitten und namens deren der Schreiber dieses sein peccavi
sagt, bis zu Frese 1897[1]) kein einziger darauf verfallen ist,
den allbekannten Elementarsatz:

> mulier sine tutoris auctoritate acceptum facere non
> potest G. III 171

auf die Mommsen'sche Hypothese anzuwenden!

Der Thatbestand ist nach Zangemeisters Lesungen fol-
gender:

Von den pompejanischen Frauenquittungen (scriptura
interior) mit zuverlässig 8—10 Zeugen haben:

sicher habere: 6 (XII, XXII, XXV, XL, XLIII, LXXII)
> — davon haben 2 (XXV, XL): ex interrogatione
> facta t. s., 1 mal fehlt es (XXII), während 3 die
> scriptura ext. verloren haben;

nüchternen Stil unserer Urkunden. — 'Ex numeratione tabellarum
signatarum', was inhaltlich und den Schriftzügen nach passte, geht
darum nicht, weil bei unserer Clausel das Datum nicht der Zahlung
und Quittung: III non. Sept., sondern des Verfallstages der Stipulation
steht: (in k. N)ov(e)mbr(es) primas. Da wird denn nichts bleiben, als wieder einmal dem unverändert treffsicheren Scharfsinn des
Altmeisters zu folgen: Addenda p. 454: Mo. adnotat haec: fortasse ex-
plendum est: 'ex nom(ine facto tabell)arum signatarum', ita
scilicet ut comma 'ex nomine facto' respondeat formulae instrumen-
torum reliquorum: 'ob auctionem'; qui sequitur genetivus 'tab. sign.'
reddat formulam alteram 'ex interrogatione tabellarum signatarum',
scilicet nomen significans id, quod tabellis signatis continetur'. — Statt also den Frageact des Hauptexemplars zu nennen,
hätte der für den Hyginus Schreibende die im Hauptexemplar erwähnte Forderung (quae pecunia in stipulatum venit .. ob auctionem)
angeführt. Offenbar eine Entgleisung von der beabsichtigten, typischen
Clausel der Chirographa: ex int. f. t. s.

[1]) B. Frese, Zur Lehre von der Quittung, in dieser Zeitschrift
XVIII S. 256.

wahrscheinlich habere: 2 (XXIX, LVII) — script. ext. verloren;

möglicherweise habere: 2 (XXXIV, LX) — XXXIV: fehlt
  'ex int. f.' — LX: scr. ext. verloren;

ganz zweifelhaft: 2 (LXXX, LXXXVIII) — scr. ext. verloren;

chirographarisch (B + B) sind 3 Frauenquittungen (XX,
  XXIII, XXIV).

In keiner einzigen wird der Vormund oder das von **ihm**
ihm befreiende ius liberorum erwähnt.

Das passt für Zahlung und Quittung:

  Cicero Top. XI § 46:
    quod mulieri debeas, recte ipsi mulieri sine tutoris
    auctoritate solvas.

  Gaius II 85:
    mulieri . . etiam s. t. a. recte solvi potest, **nam**
    qui solvit liberatur obligatione, quia res nec **man-**
    cipi . . a se dimittere mulieres etiam s. t. a. pos**sunt.**

  III 171:
    cum alioquin solvi ei s. t. a. possit.

Dagegen schlechterdings nicht für die Acceptilation:

  G. II 85 (Fortsetzung):
    Quamquam hoc ita est si accipiat pecuniam; at si
    non accipiat, sed habere se dicat et per accepti-
    lationem velit debitorem s. t. a. liberare, non potest.

  III 171:
    (Quamvis autem dixerimus contineri) acceptilationem
    imaginaria solutione, tamen mulier s. t. a. acceptum
    facere non potest, cum alioquin solvi ei s. t. a. possit.

Wie liesse sich dem gegenüber die Acceptilationsidee
halten? Nicht durch die Annahme, dass man in Pompeji
unter Claudius und Nero praktisch schon mit der Frauentutel gebrochen hatte. Denn Gaius I 190 ff., Ulpian XI (zumal § 20 ff.: die Senatusconsulte!) zeigen die Frauentutel,
trotz ihrer Abschwächung durch die lex Claudia, als durchaus praktisches Formerforderniss, und so erscheint sie noch
bei Diocletian (Vat. Fr. 325) und in den Urkunden. Die
tutoris auctoritas erwähnen: die Mancipationen der Poppaea
Note (Pompeji 61 n. Chr.) und der Julia Monime (Rom

2.—3. Jahrhundert), das davon entbindende ius liberorum:
die Mancipation der Statia Irene (Rom 252 n. Chr.) und
mehrere Fayum-Urkunden.

Dagegen wäre es allenfalls möglich, die pompejanischen
Urkunden als 'Acceptilationen gegen Zahlung' aufzu-
fassen; qua Zahlung wären sie ohne Vormund gültig gewesen. Gerade um diesen Charakter seiner Acceptilationen
hervorzuheben, hätte Jucundus dem habere stets ein numeratos, solutos, persolutos hinzugefügt und dann wohl aus
stilistischen Gründen neben diesem Participium das 'acceptos'
weggelassen!

Obwohl logisch und juristisch ganz unhaltbar, würde
diese Verquickung von Acceptilation und Zahlung doch den
beiden Tendenzen entsprechen, die die Geschichte der Quittung beherrschen: der Schuldner wünscht, von seiner Schuld
unwiderruflich frei zu sein, aber gleichzeitig auch seine reale
Zahlung anerkannt zu sehen. In einem naiven System werden
beide Ziele durch die Unanfechtbarkeit der einfachen Quittung erreicht. Bei der römischen Unterscheidung zwischen
Beweisact und Verfügungsact war dagegen dies doppelte
Ziel nur zu erreichen, wenn man die absolut wirkende
Acceptilation mit der realen Zahlung verband, wie es Ulpian
D. (46, 4) 19 § 1 — naiv gelesen! — andeutet[1]), und wie
es das 'numeratos etc. habere se dixit' unserer Urkunden
zeigen würde, sobald man in dem 'habere se dixit' die Acceptilation sehen könnte und müsste.

Jucundus hätte eben durchgehend 'Acceptilation gegen
Zahlung' sich geben lassen, und dabei dann auch von dem
Frauenvormund absehen können.

So, und nur so, könnte die Acceptilationshypothese jetzt
noch gehalten werden. Aber mit wie viel Unwahrscheinlich-
keiten! Jucundus liess sich Acceptilation ertheilen, wo doch
nur die Zahlung wirken konnte. Daher als 'Acceptilation
gegen Zahlung', unter Betonung des Zahlungsmomentes und
ohne irgendwelche Erwähnung der Acceptilationskriterien.
Indess in den Chirographen fiel es ihm doch wieder ein, die
interrogatio zu betonen — —.

---

[1]) A. A. Frese, diese Zeitschrift XVIII S. 244.

Das alles ist unannehmbar. Hätte Jucundus Acceptilation gewollt, er hätte sie in der testatio in römisch-her-
kömmlicher Weise charakterisirt. Und vor Allem, er hätte
seine Gläubigerinnen zur Mitbringung ihres Vormunds (oder
Erwähnung ihres ius liberorum) veranlasst. Denn selbstverständlich waren die pompejanischen Honoratioren, als Vor-
münder zum Auctorisiren, genau so leicht zu haben wie als
'VII t. c. r. p.' zum Siegeln (oben S. 190).

13. 'Ex interrogatione facta tabellarum signatarum.'

Gegen all diese Unmöglichkeiten ist — da Gaius und
Seneca nichts beweisen (oben S. 193), und der Sclavenaus-
schluss schon aus dem habere sich erklärt (oben S. 193 A. 1)
— zu Gunsten der Acceptilationsauffassung nur ein Argument
in die Wagschale zu werfen: das 'ex interrogatione facta
tabellarum signatarum'.

Das passt zweifellos sehr gut zu dem acceptum 'rogare'.
Dies wäre hier mit dem Zahlungsempfangsbekenntniss genau
so combinirt, wie bei Seneca die Stipulationsrogatio mit dem
(Darlehnsempfangs-)Chirographum: 'non est interrogatione
contentus, nisi reum manu sua tenuit'. Ja, da zu Jucundus'
Zeit ein Substantivname für das acceptum facere der Ge-
schäftssprache wohl noch fehlte[1]), lag dessen Bezeichnung
durch interrogatio um so näher.

Aber es gilt, nichts zu übereilen. Die 'römische Bauern-
und Soldatensprache' war überhaupt arm an Substantiven,
und wie ursprünglich für die Acceptilation, so fehlt ihr bis
zuletzt eine präcise Bezeichnung auch für die 'mündliche
Quittung'. Wenn also der Gläubiger des Jucundus etwa
sagen wollte:

'nach ertheilter mündlicher Quittung quittire
ich hiermit schriftlich'

so konnte er das kaum kürzer und klarer ausdrücken als:

'scripsi me accepisse ex interrogatione facta'.

Denn wenn für die blosse Beweisquittung Frage und Antwort
auch nicht vorgeschrieben war — so wenig wie überhaupt
irgend eine Form! — so war die vorgehende Frage für eine
vor Zeugen erfolgende Erklärung doch zweifellos allgemein

---

[1]) Vgl. Erman, z. Gesch. d. röm. Quittungen S. 31.

üblich, weil allein praktisch. Noch heut ist sie hier im Gebrauch (z. B. bei der Eheschliessung). Da um so mehr im
römischen Geschäftsverkehr, der ja fast ausschliesslich in
Frage und Antwort sich bewegte[1]).

> 'Zufolge der in den versiegelten Tafeln verzeichneten
> Befragung'

damit war das: (interrogatus) dixit se habere — oder 'se accepisse'[2]) — numeratos, solutos etc., durchaus klar bezeichnet.

Aber wozu dieser Hinweis auf die mündliche Quittung?
— Wozu schreibt ein moderner Kaufmann, der zweimal über
dieselbe Zahlung quittirt, auf die zweite Quittung 'Duplicat'?
Der Ordnung und Sicherheit wegen, selbst wenn er von einer
condictio indebiti, die der Schuldner auf die angebliche
Doppelzahlung bauen könnte, nur dunkle Vorstellungen hat.
Genau so auch die Gläubiger des Jucundus. Sie mussten ihm
in zweifach verschiedener Weise quittiren, einmal mündlich
(durch Befragung) vor Zeugen mit versiegelter testatio, dann
handschriftlich mit Untersiegelung. Wo aber der Schuldner so
für seine Sicherheit sorgte, musste auch der Gläubiger daran
denken. Er that es, indem er diese beiden nach Art und Form
verschiedenen Quittungsurkunden als materiell identische,
wegen derselben Zahlung ausgestellte bezeichnete, das Chirographum als blosses 'Duplicat' der mündlichen Quittung.

Da also die Bezeichnung als Duplicat nach moderner
Analogie a priori zu vermuthen ist und da sie in 'ex int.
f. t. s.' sehr gut enthalten sein kann, während jede andere
Deutung dieser Worte unmöglich ist, so darf diese Auslegung der vielbestrittenen Clausel als sicher gelten, und
damit das 'benevolorum iurgium' zwischen Mommsen und
Bruns als endgiltig zu des Letzteren Gunsten entschieden!

---

[1]) Z. B. bei antestatio (licet antestari?), Kauf (estne mihi emptus?),
auctoritas (? — anne fuas auctor?), Praesbestellung, interrogatio in iure
— kurz überall, ausser bei den Acten per aes et libram (— die Voigt allerdings der Consequenz zu Liebe, aber der Evidenz zum Trotz gleichfalls
als zweiseitige construirt —). — [2]) Denn es kann nun, den allgemeinen
Häufigkeitsverhältnissen entsprechend, das 'ex int. f. t. s.' auch gegenüber den Urkunden mit 'dixit se accepisse' angenommen werden (oben
S. 199), während es bei der Acceptilationshypothese in baarer petitio
principii auf die Urkunden mit dixit se habere eingeschränkt werden
müsste!

14. Die habere-Quittung.

Giebt man die Acceptilationsidee auf, so verschwinden alle Schwierigkeiten mit einem Schlage.

Der Verbalact kann nun wesentlich so gelautet haben, wie die testatio ihn wiedergiebt. Es sind mündliche Beweisquittungen, bei denen die Frageform zwar, der Zeugen wegen, hergebracht, aber ganz und gar nicht rechtsnothwendig war. Daher die Nichterwähnung der Frage in der testatio. Ebenso selbstverständlich ist jetzt die Nichtbetonung der Stipulation. Und das ganz systematische Vermeiden des acceptum habere erklärt sich durch den Wunsch, jeden Verdacht der Acceptilation auszuschliessen. Denn da 'mulier s. t. a. acceptum facere non potest', musste Jucundus Werth darauf legen, dass man die ihm von seinen Gläubigerinnen s. t. a. gültig ertheilten herkömmlichen habere-Beweisquittungen nicht etwa mit ungültigen Acceptilationen verwechselte![1])

Gegen die römische 'habere-Quittung' ist mehrfach Einspruch erhoben worden. Am eingehendsten von Hruza[2]), der seine Erörterung dahin zusammenfasst: 'so viel scheint mir festzustehen, dem Verf. ist es nicht gelungen, die von ihm für den römischen Rechtsverkehr behauptete habere-Quittung zu beweisen'. Hruza leugnet die selbständige Bedeutung des habere. 'Habeo acceptum?' sei nur die 'verstärkende Umschreibung des activen Perfectum' accepi; ebenso ἔχω λαβὼν = ἔλαβον. Nun setzt zwar das (offenbar alte) Siebenbürger Formular das 'acceptum habeo' in 'accepi et habeo' um, aber: 'vielleicht hatte der Urheber des diesen Urkunden zu Grunde liegenden Formulars dieselbe — wie ich glaube — irrthümliche Auffassung des acceptum habere, wie der Verfasser' (!). — Dass dieses Verzweiflungsargument fehl geht und jener unbekannte römische Cautelarjurist bei seiner selbständigen Bewerthung des 'habere' durchaus Recht hatte,

---

[1]) Die Feststellung bei Erman, z. G. d. r. Qu. S. 9: 'man wollte allem Anschein nach jeder Verwechselung mit Acceptilationen vorbeugen', die dort für eine 'zu den übrigen Quellen schlecht passende Thatsache' erklärt wurde, wird nun durch Berücksichtigung der Frauenacceptilationen verständlich. — [2]) Grünhuts Zeitschr. XII S. 249 ff.

wird Hruza wohl mittlerweile aus der, damals uns beiden
unbekannten, griechischen Sitte des Quittirens mit $\H{\varepsilon}\chi\omega$ und
$\dot{\alpha}\pi\acute{\varepsilon}\chi\omega$ ersehen haben [1]). Denn dies ist genau die seiner Zeit
von mir behauptete habere-Quittung, d. h.

> die Sitte, da, wo wir Modernen den Empfang der
> Leistung bekennen, vielmehr statt dessen, oder da-
> neben, das Haben der Leistung zu bekennen [2]).

So ist denn bei Ulpian, dem die griechische $\H{\varepsilon}\chi\omega$-Quit-
tung natürlich geläufig war, in D. (46, 4) 8 § 4:

> puto et graece posse acceptum fieri, dummodo sic
> fiat ut latinis verbis solet: $\H{\varepsilon}\chi\varepsilon\iota\varsigma\ \lambda\alpha\beta\grave{\omega}\nu\ \delta\eta\nu\acute{\alpha}\rho\iota\alpha\ \tau\acute{o}\sigma\alpha;$
> $\H{\varepsilon}\chi\omega\ \lambda\alpha\beta\acute{\omega}\nu.$

das Neue und Betonenswerthe nicht das $\H{\varepsilon}\chi\omega$, sondern ledig-
lich der den Fayum-Quittungen in der That fremde Zusatz
$\lambda\alpha\beta\grave{\omega}\nu$ zu diesem $\H{\varepsilon}\chi\omega$, was natürlich seine selbständige Bedeutung behielt.

Wird so der Glaube an die habere-Quittung der Römer
auf der einen Seite durch die griechische Rechtssitte unter-
stützt, so auf der andern durch die mittelalterlichen Urkunden, z. B. 'recepisse et habuisse' in über 200 Urkunden
von etwa 20 Marseiller Notaren des 13. Jahrhunderts [3]).

Der Gedanke ist stets derselbe nicht sehr tiefe, aber
sehr natürliche einer Begriffscorrespondenz von Geben und
Haben. Geben ist 'machen, dass der Andere hat'. Wer
zum Geben verpflichtet ist, muss also vom Andern das Be-
kenntniss erlangen, dass er hat. Daher, vermuthlich als

---

[1]) $\dot{A}\pi\acute{\varepsilon}\chi\omega$ als Gegenstück des $\dot{\alpha}\pi o\delta\acute{\iota}\delta\omega\mu\iota$ grundsätzlich nur für
Rückzahlung von (wirklichen oder fingirten) Darlehen. $\H{E}\chi\omega$ wie
$\delta\acute{\iota}\delta\omega\mu\iota$ ganz allgemein für jede Zahlung, also Hingabe wie Rückgabe
von Darlehen. Die Beläge dafür im Archiv für Papyrusforschung Bd. I
1899: Die 'Habe'-Quittung bei den Griechen. — [2]) Behrend, z. Gesch.
der Quittung, Leipzig 1896, bringt es allerdings fertig, auf S. 8 zu
schreiben: 'Die Erman'sche habere-Quittung schwebt, wie schon Hruza
ausgeführt hat, völlig in der Luft. Sicher war das acceptum habeo der
Acceptilationsformel nur ein verstärktes accepi'.. und auf S. 12 über
die $\dot{\alpha}\pi o\chi\acute{\eta}$: 'das Empfangsbekenntniss, das der Urkunde den Namen ge-
geben hat, lautet, dem römischen accepi (sic) entsprechend (?!),
$\dot{\alpha}\pi\acute{\varepsilon}\chi\omega$ oder $\dot{o}\mu o\lambda o\gamma\tilde{\omega}\ \dot{\alpha}\pi\acute{\varepsilon}\chi\varepsilon\iota\nu$, mehrfach aber auch einfach $\H{\varepsilon}\chi\omega$'.
— [3]) Louis Blanchard, Documents inédits sur le commerce de Marseille
au Moyen âge. Tome I: Contrats commerciaux du XIII S. Marseille 1884.

letzter Ausläufer der griechisch-römischen Habe-Quittung, die Rubriken der italiänischen Buchführung des Mittelalters: 'deve dare — deve avere', soll geben — soll haben, heut zusammengeschrumpft zu einem ziemlich sinnlosen: 'Soll — Haben'[1]).

Für Rom selbst ist nun die habere-Quittung überreichlich bezeugt.

Die selbständige Bedeutung des 'habeo' der Acceptilationsantwort erhellt aus G. II 85: sed habere se dicat[2]) und zumal aus Seneca de benef. VII 14, 16, der es zu 'omnia a te habeo' ausbildet und dem 'habeo' des Gläubigers wortspielend ein 'debeo' entgegensetzt (o. S. 193).

Derselbe stoische Wort- und Sprachkünstler sagt bei Erörterung der Schulfrage: 'an possit aliquis sibi beneficium dare?' (Sen. de benef. V 7): demens .. qui aliquid vendidisse sibi se dicat .. atqui quemadmodum vendere, sic dare aliquid a se dimittere est et id quod tenueris habendum alteri tradere. Ferner z. B. Sen. de ben. I 14: sunt qui idem habent, sed non eisdem verbis datum, II 10: .. ut habeat, nec a quo acceperit sciat u. s. w.

Die Acceptilationsformel: quod ego tibi promisi, habesne acceptum? habeo — entsprach also durchaus dem spondesne dari? spondeo. Ihre Ausdehnung auch auf stipulationes faciendi muss eine spätere, dem ursprünglichen Sinn der Formel nicht entsprechende sein[3]).

---

[1]) Die genauere Darlegung und die gesammelten Beläge hoffe ich demnächst in einer kleinen Schrift publiciren zu können. — [2]) Wirklich ohne selbständige Bedeutung ist das facere in 'accepta facis? facio'. Wenn Gaius nun an diese Formel gedacht hätte, würde er da etwa 'at si non accipiat, sed facere se dicat' geschrieben haben? Gewiss nicht. Wenn er also 'habere se dicat' schreibt, so hatte für ihn das habeo eine selbständige, vom 'acceptum' ganz unabhängige Bedeutung. — [3]) Karlowa, R. RG. II 813, der die vorstehende Deutung der Acceptilationsformel annimmt: '(das) acceptum habeo (ἔχω λαβὼν) ... spricht ein Doppeltes aus: das accepisse als Ursache und das habere als Wirkung' (ebenso R. RG. I 801 A. 1), will dennoch von dieser Correspondenz des dare und habere nichts wissen: 'Was ihm versprochen ist, mag dies nun sein, was es will, erklärt der Stipulator als ein Empfangenes zu haben, ... Man braucht dabei nicht nothwendig an ein dare zu denken. Die auf acceptum habere lautende Accepti

Dieses accep'tum facere ist nun nach G. III 215 erheblich älter als die lex Aquilia (286 v. Chr.?) und kann, m. E., anfänglich schlechthin nichts anderes gewesen sein, als eine bei der wirklichen Zahlung auch nicht stipulirter Beträge übliche Formel. Die (pontificale) Jurisprudenz kann diesen Formalact nur geschaffen haben unter Benutzung einer bei und vor seiner Formulirung schon bestehenden Sitte, das Haben der geschuldeten Summe zu bekennen. Denn von einer willkürlich-künstlichen Erfindung zeigt dies 'habesne acceptum? — habeo' doch nicht die mindeste Spur. Wie ja denn überhaupt die Rolle der Jurisprudenz viel mehr im kunstgerechten Weiterbilden vom Leben gebotener Acte besteht, als im Neuschaffen aus dem Nichts.

Die Formulirung des acceptum facere lange vor der lex Aquilia beweist also, dass im 4. oder 5. Jahrhundert vor Chr. man im römischen Geschäftsverkehr genau wie im griechischen — vielleicht sogar von ihm beeinflusst[1]) — das Haben der geschuldeten Beträge quittungsweis bekannte.

Dass aber auch die Verbindung von accepisse und habere: accepi et habeo, acceptum habeo ein ursprünglich allgemeiner Quittungsgebrauch war, das bezeugen die Kaufpreisquittungen der Siebenbürger Mancipationsurkunden, die offenbar nach einem alten, correcten Formular verfasst sind: pretium eius, denarios tot, accepisse et habere se dixit. Ferner die schriftliche Quittung bei Scaevola D. (46, 3) 89 pr.: dico me accepisse et habere et accepto tulisse a Gaio Seio reliquum omne . .[2]).

---

lationsformel war nicht auf die auf dare gehenden Stipulationen beschränkt.' — Für das entwickelte Recht zweifellos richtig, ist die Bemerkung als historische unhaltbar; vgl. die stete Correspondenz von Geben und Haben von den Griechen an bis zur mittelalterlichen Buchführung.

[1]) Diese Beeinflussung müsste also in die XII-Tafelzeit hinaufreichen. Dies ist durchaus möglich, vgl. z. B. die von Karlowa, R. RG. II S. 790 A. 3 mitgetheilte wohlbegründete Behauptung Osthoffs, dass der XII-Tafelbegriff poena ein griechisches Lehnwort ist! — [2]) Diese Thatsachen widerlegen die Deductionen Karlowa's, R. RG. I S. 801 A. 1, II S. 814 A. 1, wonach acceptum habeo eine allgemeine, gewöhnliche Quittung gar nicht sein konnte.

Eine Nachahmung dieser römischen Formel liegt vielleicht vor in dem Hinterlegungsschein bei Paulus D. (16, 3) 26 § 1: ἔλαβον καὶ ἔχω εἰς λόγον παρακαταϑήκης, denn in den Fayum-Urkunden findet sich diese Verbindung meines Wissens nicht. Rein römisch ist wohl der Depositumsschein im § 2 daselbst: Habere me a vobis.

Endlich und vor allem erhellt die römische Gewohnheit, statt des Empfangs der Leistung ihr Haben zu bekennen aus den über 40 habere-Urkunden des Jucundus, die ja nun endgültig als Beweisquittungen gelten können.

15. Eigenschaften der habere-Quittung.

Die pompejanischen habere-Quittungen lassen einige von den Eigenschaften dieses römischen Verkehrsinstituts erkennen.

Das 'ex interrogatione facta' zeigt, dass herkömmlicherweise dieses 'numeratos, solutos, persolutos habere se dixit' ein rogirtes war: habesne numeratos etc.? habeo. Dies hat nichts Auffälliges, da die Frageform in Rom allgemein üblich war und für eine Erklärung vor Zeugen auch allein praktisch.

Dies rogirte numeratos etc. habere se dixit war aber natürlich nicht rechtsnothwendig, sondern konnte durch ein handschriftliches 'scripsi me accepisse' oder auch durch ein mündliches, herkömmlicherweise rogirtes 'numeratos etc. accepi' ersetzt werden.

Sodann war dies habere, wie natürlich, im prägnanten Sinne gemeint, als verbum iuris non facti und daher den vermögenslosen Sclaven (und Haussöhnen?), die 'nihil habere (= sibi habere, suum habere) possunt', unzugänglich (o. S. 193 A. 1). Denn nur so ist es zu erklären, dass unter den Jucundus-Urkunden die Sclaven nie mit der habere-testatio, sondern durchweg nur mit einem accepisse-chirographum quittiren[1]).

---

[1]) Bei der grossen Zahl von Sclavenquittungen ist die Annahme eines blossen Zufalls unmöglich. Verzichtet man daher auf die Mommsensche Erklärung aus dem 'servus nec iussu domini acceptum facere potest', so bleibt schlechthin nichts anderes übrig, als den Wortsinn der habere-Quittung als Grund dieses Sclavenausschlusses anzunehmen. Beide Erklärungen abweisen, und das Phänomen der Sclavenquittungen einfach mit Stillschweigen zu übergehen, wie es z. B. Hruza und Frese thun, ist offenbar unzulässig!

Endlich ist erklärungsbedürftig die besonders bei den Jucundus-Urkunden auffällige Correspondenz zwischen dem Quittungswort (habere — accepisse) und der Beurkundungsform (testatio — chirographum). Während in keinem einzigen Chirographum des Jucundus habere vorkommt[1]), findet es sich in den testationes fast ausschliesslich.

Auch diese Thatsache ist durch das bequeme, einfache Nichtbeachten weder zu erklären, noch zu beseitigen. So sei denn noch einmal constatirt:

> ganz überwiegende Mündlichkeit für das habere-Bekenntniss: das acceptum facere, die Siebenbürger und die weitaus meisten pompejanischen Testationen;
>
> ebenso überwiegende Schriftlichkeit für das accepisse-Bekenntniss.

Blossen Zufall anzunehmen, wäre bei so grossen Zahlen unmethodisch, weil unwahrscheinlich. Als Erklärung ist aber keine andere zu sehen, als dass die ursprüngliche römische Beweisquittung, die mit der nationalrömischen rogatio vor Zeugen fast unzertrennbar verwuchs, auf habere lautete, während bei dem späteren Ueblichwerden des chirographum die accepisse-Quittung bevorzugt wurde.

So dass seltsamer Weise beim Ueblichwerden der griechischen Quittungsform, des chirographum, das bis dahin in Rom übliche griechische Quittungswort: habeo = $\H{\varepsilon}\chi\omega$ durch das den griechischen Quittungen (wenigstens des Fayum) fast ganz fremde accepi = $\H{\varepsilon}\lambda\alpha\beta o\nu$ ersetzt wurde.

Ganz ohne Erklärung ist dieser wunderliche Vorgang (ein capriccio der Rechtsgeschichte) indess nicht.

Die testationes vor VII t. c. r. p. dürften den Sclaven durchweg unzugänglich gewesen sein, so dass gerade für sie

---

[1]) Abgesehen von der oben S. 191 A. 3 erwähnten, aber nicht abgedruckten Fehlurkunde des Speratus Nr. XXXIII p. 2, 3: Nerone Cesere iteru(m) L. Calpurnio Pison(e) cos. v . . . k. Iulias A. Me(ssius) Speratus scripsi me acepise ab Lucio Ceclio Iucundo ser(tertios) CCCXLII ex aution(e) mea merced(e) minus abere m . . . se dix(it) A Mes(s)ius Speratus ex aucti(o)ne Pompe(i)s. — Zu dem 'abere m . . . se dix' bemerkt Zangemeister: inchoasse videtur aliam constructionem: abere me (scripsi vel dixi). Die Urkunde ist offenbar in ihrer Fassung ebenso incorrect, wie in ihrer Rechtsschreibung!

das griechische chirographum in Gebrauch kam — die Ge-
schäftsclaven waren ja grösstentheils Griechen. Bei der
Quittung war aber ausser dieser Testationsform auch das
Quittungswort habere den Sclaven unzugänglich. Man schuf
daher für sie die chirographarische accepisse-Quittung. Und
bei dem Erhaltungs- und Nachahmungstrieb, der für solche
Formalien zu allen Zeiten gilt, hier noch verdoppelt durch
den römischen Conservatismus, blieb es einfach dabei: die
chirographarische Quittung (die 'Sclavenquittung') lautete auf
accepisse, während die römische Form der testatio vor VII
t. c. r. p. verbunden blieb mit dem Quittungswort des selbst-
ständigen Bürgers: habeo.

Ohne Rechtszwang natürlich und daher mit gelegent-
lichen Ausnahmen nach beiden Seiten hin, aber doch immerhin als durchaus vorherrschende Regel.

CPSIA information can be obtained
at www.ICGtesting.com
Printed in the USA
BVHW040359020419
544227BV00040B/773/P